JN132008

親子で
いっしょに
最短合格

英検 5級

長田いづみ

ask

はじめに

　10 年ほど経営していた英会話スクールを閉め、TOEIC 専門で講師をしようと決めて 6 年。ひょんなことから「小学生が英検に合格するための講座を作りませんか」とお誘いをいただきました。英検 5 級（中学 1 年程度）や 4 級（中学 2 年程度）は、おそらくほとんどの大人の方が「明日受験しても合格点が取れる」と思います。正直な話、大人になれば誰もができるようになることを、小学生にやらせる意味があるのかな、と最初は思っていました。ところが、英検会場に行ってみてびっくり。5 級や 4 級には「未就学児と小学校低学年だけの教室」が設けられるくらい、英検は低年齢化していたのです。英語指導を始めて 20 年。私の経験がお役に立てるのであれば、と小学生向けの英検講座の構築を始めました。そこでわかったこと。小学生には小学生の戦い方があります。文法はやりません。点の稼ぎどころであるリスニングテストは、筆記テストのあと。小学生の集中力や体力を温存するために、並べ替え問題は捨てます。

　こうして「英単語が 1 つも読めなかった小学生が 3 か月で英検合格」をコンセプトとする親子英語協会が 2018 年 9 月に誕生しました。受講生のほぼ全員が、帰国子女ではなく、普通の小学生です。5 歳で英検 5 級に合格したお子さまや、英語の学習をスタートして 2 年で 5 級から 2 級まですべて取得した 6 年生など、大きな成果もあります。そして、これまで親子英語講座をご受講くださったほぼすべての親子が、3 か月または半年で合格を果たしています。現在ではインストラクターも増え、受講生は 300 組を超えました。

　「自分は英語が苦手だけれど、子どもと一緒に英検合格を目指したい」と、お子さまと一緒に 5 級から挑戦する保護者の方もいらっしゃいます。インストラクターの子どもたちも、この親子英語メソッドを使って目覚ましい結果を出しています。

1. 正しいトレーニング

2. 英語学習時間の確保

この両輪のどちらが欠けても英検合格はできません。

　この本を使って、正しいトレーニングや学習時間を確保するためのヒントを得てほしい、そして合格を勝ち取ってほしいと思っています。英検は文系の格闘技ですから。

長田いづみ

この本に出てくる人たち

Mom	Mike	Karen	Dad
Karen と Mike の お母さん。てきぱ きとしていて、仕 事熱心。	小学校 4 年生。野球 とサッカーが好き。 のんびりとした性格 で友達が多い。	小学校 6 年生。音 楽が得意。実は苦 手な英語にがん ばって取り組む努 力家。	Karen と Mike の お父さん。子ども たちの学校の宿題 をよく手伝ってい る。

Erin

オーストラリア出身 で、Mike のクラス メイト。Karen とも 仲良し。

Leo

Karen のクラスメ イト。運動神経ば つぐんでスポーツ が上手。ダジャレ が好きなお調子者。

George

ゲームのことは何で も知っている Mike のクラスメイト。ギ ターも弾ける器用な 性格。

Mr. Smith と Ms. Evans

小学校の英語の 先生たち。Mr. Smith は Karen の担任でもある。

もくじ

別冊「答えと解説」
Unit 1 ～ Unit 12 の「ミニ模試」と、「仕上げの模試」の答えと解説が載っています。最後のページには「仕上げの模試」のマークシートもあります。

小学生が英検に
最短で合格する方法

大人と子どもの方へ

私が代表理事を務める親子英語協会では、「英単語が1つも読めなかった小学生が3か月で英検合格」をコンセプトに講座を開いています。3か月間、親子英語メソッドを使って学習する方はほぼ100%合格します。まずは英検に最短で合格するためのコツを習得しましょう。

「3か月で合格」のためのコツ

Point!

- 合格に必要なことだけをやる
- スラッシュリーディング、音読、オーバーラッピングをくり返しやる
- 単語は音もいっしょに覚える
- リスニングテストまで集中力を切らさない

この「リスニングテストまで集中力を切らさない」が、小学生の英検では特に大切です。

5級は筆記テスト25分、リスニングテスト約20分。小学生はリスニングテストで点数を稼ぐのが一般的ですが、リスニングテストは筆記テストの後にくるのです。

過去問を解きながら集中力が切れてしまう子、リスニングテストの途中で解くのをあきらめてしまう子を見るうちに、「点の稼ぎどころであるリスニングテストまで、集中力と体力とモチベーションを切らさないためにはどうしたらいいのか」を考え始めました。

つまり、「筆記テストをなるべく省エネでかけぬける方法」です。その方法として、以下の3つを挙げます。

1. 大問1で点数を稼げるように語彙力をつける
2. 文法はやらない
3. 並べ替えは2をぬる

＼Check!／

1. 大問1で点数を稼げるように語彙力をつける

筆記テストの大問1は語彙問題です。まずは、大問1の4択の単語が全部読めて意味がわかるまで、くり返し覚えましょう。不正解の選択肢も、その級のレベルのものが出題されます。不正解の単語がその級に対して易しすぎたり難しすぎたりしたら、不正解だとすぐにわかってしまうからです。つまり、不正解の選択肢も別の問題で出題される可能性があるのです。逆に、選択肢にある単語を4つとも全部覚えていれば、このパートは非常に短時間で解き進めることができます。

2. 文法はやらない

もし文法学習をがっちりやるのであれば、「品詞」「主語と動詞」「動詞の形」などをイチから教えなければなりません。英検に3か月で合格するには、そんな時間はないのです。文法はいずれ中学校で習いますから、そのときにシステマティックに身につければよいでしょう。スラッシュリーディング、音読、オーバーラッピングをくり返しやることで、文法の知識がなくても正解を選べるようになります。

３．並べ替えは２をぬる

並べ替え問題は文法問題です。この５問を落としても、合否にはあまり差があり
ません。もちろん、解けるお子さまは解いて進めばいいのですが、独特の出題形
式に慣れていないお子さまは、ここで時間と体力を使ってしまいます。それより
も、点の稼ぎどころであるリスニングテストに体力と集中力を温存しておくほう
が合格を勝ち取るためには大事です。

解かない問題もマークしておくのは、マークミスを避けるためというのが一番大
きな理由です。２番以外の番号をぬりつぶしてもかまわないのですが、あらかじめ
番号を決めておくと余計な迷いを生みません。
まずは、並べ替えは解かずにマークして、時間と体力が余っていればじっくり解
き直せばいいのです。解き直す時間がなかったとしても、単語がきちんとできて
いれば、筆記試験はちゃんと合格点が取れます。

この本の使い方

大人と子どもの方へ

- 『親子でいっしょに最短合格』── でも、親が子どもに英語を教えるのではありません。親は子どもに伴走して、「英検合格」というゴールまで二人三脚でトレーニングを進めていきます。

- この本は 12 個の Unit で成り立っています。英検 5 級の試験によく出てくる場面や言い回しが盛りだくさんです。すべての Unit の練習が終わったら「仕上げの模試」で実力チェックをしましょう。

- この本の後ろには「重要単語・表現リスト」があります。わからない単語があったら、このリストを辞書がわりに使ってください。

 場面で覚えよう ....

イラストを見ながら音読しましょう。場面を想像しながら練習をすることが大切です。

親子でいっしょに！
★と☆を親子で交替して音読しましょう。うまくできなくても問題ありません。音声をよく聞いて、少しずつ真似していきましょう。

> Are you Mr. Smith?

> Yes, I am.

Check!

親子でいっしょに！
英検合格のためのお役立ち情報を「子どものための豆知識」「大人のための豆知識」としてまとめました。これを読めば、子どもも大人もモチベーションアップまちがいなし！

Check!

2　英語表現を身につけよう

Step 1　例文と意味を確認 ●●●●●●●●●●●●●●●●●●●●●●●●●●●●●●●●●

5級によく出てくる表現や言い回しを学習しましょう。

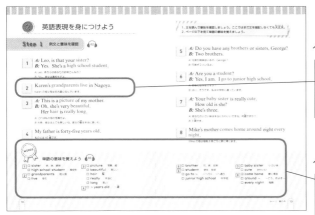

> **＼Point!／**
> ### 合格のためのポイント
> 短めの例文から英語表現を確認します。色つきの単語や表現は必ず意味を確認しましょう。

> **＼Point!／**
> ### 合格のためのポイント
> 重要単語や表現だけを集中して覚えたいときはここをチェック！

Step 2　スラッシュリーディングと音読トレーニング ●●●●●●●●●●●●●●●

通訳者向けの訓練メソッドであるスラッシュリーディングを子どもにもできる形にしました。英語の語順で理解できるリスニング力が身につきます。

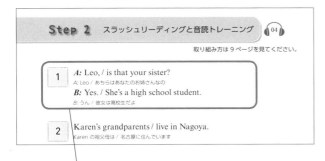

親子でいっしょに！

① スラッシュを入れたかたまりごとに音読しましょう。
② かたまりごとに、意味を確認しましょう。
③ かたまりごとに、【親】日本語 →【子】英語 の順に言いましょう。
④ 最初から最後まで文をつなげて音読しましょう。
⑤ 音声を聞きながら、同時に例文を音読（オーバーラッピング）しましょう。最初は文字を確認しながら音読します。できれば暗唱してみましょう。

あちらはあなたのお姉さんなの

is that your sister?

＼Check!／

ミニ模試にチャレンジ ●●●●●●●●●●●●●●●●●●●●●●●●●●●

各 Unit の最後にまとめとして「ミニ模試」があります。解き終わったら、別冊「答えと解説」を読んで復習しましょう。

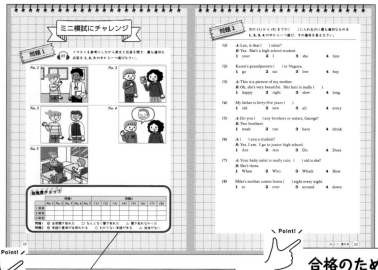

合格のためのポイント

自信度チェックで自己分析！ 正解・不正解だけでなく、どこが苦手かを知ることが大切です。初めはわからなくても、3回目にはきっとできるようになります！

合格のためのポイント

本番と同じ形式に挑戦しましょう。ここまでで覚えた内容だから取り組みやすい！

仕上げの模試 ●●●●●●●●●●●●●●●●●●●●●●●●●●●●●

本番通り時間を測って問題を解きましょう。別冊「答えと解答」の最後のページにマークシートがあります。本番に備えてマークする練習をしておきましょう。

 大人の方へ

小学生にとって、英検合格に必要な膨大な量の英語表現を身につけることは、簡単なことではありません。集中力が続かず、途中で投げ出そうとすることもあるでしょう。でも、そんなとき、どうかお子さまといっしょに音読を続け、お子さまを見守り、応援し続けていただきたいのです。たとえ親が英語が苦手だとしても、親子でトレーニングする時間をぜひ楽しんでください。お子さまと一緒に英語の学習に取り組むことで、「英語って楽しい！」「自分も久しぶりに勉強したい！」と感じたなら、これをきっかけに英語の勉強に挑戦してみてはいかがでしょうか。

音声ダウンロードのご案内

 マークは音声のトラックナンバーを示しています。

本書の音声は以下のサイトから無料でダウンロードしていただくことができます。

★ ブラウザからのダウンロード

https://www.ask-books.com/978-4-86639-445-9/

右の QR コードからもアクセスできます。

★ アプリからのダウンロード

株式会社 Globee が提供するアプリ abceed（エービーシード）からダウンロードすることもできます。アプリで本書の書名を検索して、ダウンロードしてください。

https://www.abceed.com/

右の QR コードからもアクセスできます。

★ Podcast アプリにも対応しています。

対応しているアプリ：Spotify、Apple Podcast

アプリで本書の書名を検索して、ダウンロードしてください。

英検®基礎知識

大人と子どもの方へ

英検®は、年間368万人が受験する日本最大級の英語試験です。7つの級（1級、準1級、2級、準2級、3級、4級、5級）が用意されているので、自分のレベルに合った試験を受けることができます。

試験の日程

年に3回行われます。5級の試験は一次試験（筆記、リスニング）のみです。希望者は録音式のスピーキングテストを受けることができますが、合否には関係しません。

- 第1回検定：5月～6月
- 第2回検定：10月
- 第3回検定：翌年1月～2月

> 正確な試験日程は、公式ウェブサイトで確認してください。 `\Check!/`

検定料

5級の検定料は4,500円です。

試験内容

一次試験には、筆記テストとリスニングテストがあります。家族・学校・友達との会話・電話・買い物など、身近な場面で使われる中学初級程度（およそ中学1年生レベル）の英語の問題が出題されます。解答はマークシートに記入します。

問題		形式	問題数	満点	制限時間
筆記	大問1	短い文の穴埋め問題	15問	425点	25分
	大問2	会話文の穴埋め問題	5問		
	大問3	単語の並べ替え問題	5問		
リスニング	第1部	正しい応答を選ぶ問題	10問	425点	20分
	第2部	会話の内容に合うものを選ぶ問題	5問		
	第3部	イラストを表すものを選ぶ問題	10問		

※一次試験は850点満点

合格基準

5級の合格基準スコアは、850点満点中419点です。

英検®CSE スコアについて

英検®の成績表では、級の合否に加えて、英検®CSE スコアが表示されます。英検®CSE スコアとは、すべての級に共通したスコア表示です。級の合否だけでなく、不合格であればあと何点で合格できるのか、合格であれば次の級までどの程度の学習が必要なのかなどが一目でわかります。また、技能別のスコアも表示されます。総合的な英語力と技能ごとの能力を絶対指標で知ることができるので、その後の学習で、どこに重点を置けばよいかが明確になります。

各級における英検®CSE スコア

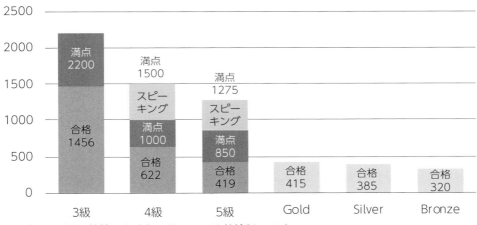

※ 3級〜5級は英検®、Gold 〜 Bronze は英検®Jr. です。

公式ウェブサイト「英検®CSE スコアのしくみ」(https://www.eiken.or.jp/cse/)を加工して作成

申し込み方法

申し込みには3種類の方法（インターネット申し込み、コンビニ申し込み、特約書店申し込み）があります。公式ウェブサイトをご確認ください。

英検®は、公益財団法人 日本英語検定協会の登録商標です。
このコンテンツは、公益財団法人 日本英語検定協会の承認や推奨、その他の検討を受けたものではありません。

問い合わせ先

英検®サービスセンター　03-3266-8311

月〜金　9:30〜17:00（祝日・年末年始をのぞく）

〈公式ウェブサイト〉

英検®に関する最新情報を知ることができます。

https://www.eiken.or.jp/eiken/

〈英検® for kids!〉

英検®を受けるお子さまとその保護者の方への情報が載っています。

https://www.eiken.or.jp/eiken/eikenkids/

※情報はすべて 2021 年 11 月現在のものです。試験の内容や検定料などは変更になる場合があります。
最新の情報は公式ウェブサイトなどでご確認ください。

当日の流れ

試験前

◇ 家を出る前に、忘れ物がないかチェックしましょう。

◇ 試験会場には早めに到着できるようにしましょう。

◇ 着席前に、お手洗いに行っておきましょう。

◇ 問題冊子とマークシート（解答用紙）が配られたら、放送にしたがって、マークシートに名前などを記入しましょう。

試験中

◇ 必ずマークシートに答えをマークしましょう。

◇ 試験中に気分が悪くなったり、筆記用具を落としたりしたら、静かに手を挙げて試験監督に知らせましょう。

◇ 早く解き終わっても、試験時間が終わるまでは、見直しをしながら静かに席にすわっていましょう。

◇ 筆記テストが終わったらすぐにリスニングテストが始まります。

◇ 終わりの合図があったら、すぐに解答をやめ、筆記用具を置きましょう。

◇ 問題冊子は持ち帰ることができます。答え合わせや復習に使いましょう。

持ち物リスト

＊必ずいるもの

□ 一次受験票

□ HB の黒鉛筆またはシャープペンシル

□ 消しゴム

□ うわばき（会場によります）

＊必要な人は持っていくもの

□ うで時計

□ 防寒用の服

□ ハンカチ

□ ティッシュ

マークシートの書き方

試験が始まる前に、名前や生年月日などの情報をマークシートに記入します。慣れてしまえばカンタンなので、試験前に一度練習してみましょう。本番のマークシートと同じものが〈英検® for kids!〉でダウンロードできます。

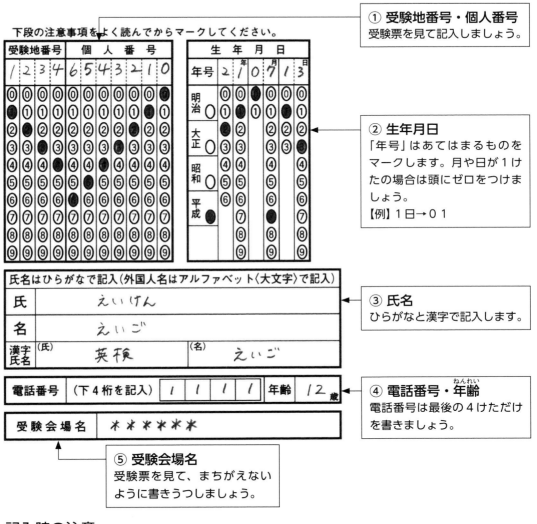

① **受験地番号・個人番号**
受験票を見て記入しましょう。

② **生年月日**
「年号」はあてはまるものをマークします。月や日が1けたの場合は頭にゼロをつけましょう。
【例】1日→01

③ **氏名**
ひらがなと漢字で記入します。

④ **電話番号・年齢**
電話番号は最後の4けただけを書きましょう。

⑤ **受験会場名**
受験票を見て、まちがえないように書きうつしましょう。

記入時の注意

◇ HBの黒鉛筆かシャープペンシルを使いましょう。

◇ マークするときは、○の中をきちんとぬりつぶしましょう。

◇ マークを消すときは消しゴムで完全に消しましょう。

◇ マークシートはマークする欄以外に書いたり、汚したり、折りまげたりしないようにしましょう。

Unit 1　家の中

① 場面で覚えよう 🎧01

場面を思いうかべながら、音読練習をしましょう。
親子で★と☆を交替_{こうたい}して、スムーズに言えるようになるまで練習します。

1

☆　Excuse me.
　　Are you Mr. Smith?

★　Yes, I am.

　　☆　すみません。
　　　　あなたが Smith 先生ですか？
　　★　はい、そうです。

2

★　Is that your mother?

☆　No, this is my aunt.

　　★　そちらはきみのお母さんかな？
　　☆　いいえ、これは私のおばよ。

> **子どものための豆知識　　～書けないからいやになっちゃった？～**

英語がいやになった原因が「英語をたくさん書くのがいや」ということだったら…答えは「書かなくていい！」です。英検5級は「読む」「聞く」という英語の力が問われます。「書く」「話す」という英語の力は、3級からでいいのです。英語を書くことがいやだったら、まずは音読をしたり、単語を読んだり、「読む」「聞く」に特化したトレーニングをしましょう。

3

☆ Where do you live?

★ On Autumn Street.

> ☆ あなたはどこに住んでいるの？
> ★ オータム通りだよ。

4

☆ How old is your grandfather?

★ He's 70.

> ☆ あなたのおじいさんは何歳（さい）なの？
> ★ 彼は 70 歳（さい）だよ。
> ※ 70 = seventy

5

☆ Hi, I'm Karen Ogawa.

★ Nice to meet you.

> ☆ こんにちは。Ogawa Karen です。
> ★ はじめまして。

大人のための豆知識　　〜なぜ資格試験なのか？　その1〜

「絶対我が子は英語のできる子に」と思っている保護者の方は多いと思います。ここで少し考えていただきたいのですが、「英語ができる」という基準って何でしょうか？「仕事で英語が使える」「海外で仕事ができる」「英語で意見が言える」などの答えがたくさん返ってきます。でも、これだと目標がざっくりしすぎています。

英語表現を身につけよう

Step 1　例文と意味を確認

1
A: Leo, is that your sister?
B: Yes. She's a high school student.

A: Leo、あちらはあなたのお姉さんなの？
B: うん。彼女は高校生だよ。

2
Karen's grandparents live in Nagoya.

Karen の祖父母は名古屋に住んでいます。

3
A: This is a picture of my mother.
B: Oh, she's very beautiful.
　　Her hair is really long.

A: これは私の母の写真だよ。
B: わあ、彼女はとても美しいね。彼女の髪（かみ）は本当に長いわ。

4
My father is forty-five years old.

私の父は 45 歳（さい）です。

単語の意味を覚えよう

1 □ sister　姉、妹、姉妹
　　□ high school student　高校生
2 □ grandparents　祖父母
　　□ live　住む

3 □ picture　写真、絵
　　□ beautiful　美しい
　　□ hair　髪（かみ）
　　□ really　本当に
　　□ long　長い
4 □ ～ years old　～歳（さい）

5

A: Mike, / what do you need for school?

A: Mike / 学校には何が必要なの

B: I need new pens and some notebooks, / Mom.

B: 新しいペン数本と何さつかのノートが必要だよ / お母さん

6

A: Goodbye, Mr. Smith.

A: さようなら、Smith 先生

B: Goodbye, Karen. / Have a nice weekend!

B: さようなら、Karen / よい週末を

7

I like my new history teacher. / She comes from Okinawa.

私は新しい歴史の先生が好きです / 彼女は沖縄出身です

8

A: Hello, Mr. Smith.

A: こんにちは、Smith 先生

B: Hi, Karen. / Please sit down.

B: こんにちは、Karen / どうぞすわってください

まとめて CHECK 「学校」 🎧 27

- □ class　授業
- □ pencil　えんぴつ
- □ eraser　消しゴム
- □ chair　いす
- □ desk　つくえ
- □ library　図書館
- □ gym　体育館
- □ teacher's room　職員室
- □ scissors　はさみ
- □ glue　のり

ミニ模試にチャレンジ

28 イラストを参考にしながら英文と応答を聞き、最も適切な
応答を **1, 2, 3** の中から一つ選びなさい。

No. 1

No. 2

No. 3

No. 4

No. 5

自信度チェック7

	問題1					問題2							
	No. 1	*No. 2*	*No. 3*	*No. 4*	*No. 5*	*(1)*	*(2)*	*(3)*	*(4)*	*(5)*	*(6)*	*(7)*	*(8)*
1回目													
2回目													
3回目													

問題1　◎ 全部聞き取れた　　○ なんとなく聞き取れた　　△ 聞き取れなかった
問題2　◎ 単語の意味が全部わかる　　○ わからない単語がある　　△ 自信がない

5

A: What color do you like?

A: 何色が好き

B: I like yellow.

B: 私は黄色が好きだよ

6

A: Do you play computer games / every day?

A: あなたはコンピューターゲームをしますか / 毎日

B: No, only on weekends.

B: いいえ、週末だけです

7

A: Mike, / do you know the story / of Pinocchio?

A: Mike / 物語を知っていますか / ピノッキオの

B: Yes, of course. / I love it.

B: はい、もちろん / 大好きです

8

A: Do you have any pets?

A: 何かペットを飼っていますか

B: Yes, I have three. / One dog and two birds.

B: はい、3びき飼っています / 犬が1ぴきと鳥が2羽です

まとめて CHECK 「色」 🎧 41

- [ ] **red** 赤い、赤色 (の)
- [ ] **blue** 青い、青色 (の)
- [ ] **pink** ピンク (の)
- [ ] **purple** むらさき色 (の)
- [ ] **green** 緑色 (の)

- [ ] **brown** 茶色い、茶色 (の)
- [ ] **black** 黒い、黒色 (の)
- [ ] **white** 白い、白色 (の)
- [ ] **gold** 金、金色 (の)
- [ ] **silver** 銀、銀色 (の)

ミニ模試にチャレンジ

 42　三つの英文を聞き、その中から絵の内容を最もよく表しているものを一つ選びなさい。

No. 1

No. 2

No. 3

No. 4

No. 5

自信度チェック

	問題1					問題2							
	No. 1	*No. 2*	*No. 3*	*No. 4*	*No. 5*	*(1)*	*(2)*	*(3)*	*(4)*	*(5)*	*(6)*	*(7)*	*(8)*
1回目													
2回目													
3回目													

問題1　◎ 全部聞き取れた　　○ なんとなく聞き取れた　　△ 聞き取れなかった
問題2　◎ 単語の意味が全部わかる　　○ わからない単語がある　　△ 自信がない

5 *A:* Are you writing / a letter, / Mike?
A: 書いているの / 手紙を / Mike

B: No, I'm studying.
B: ううん、勉強しているよ

6 This letter is / from my pen pal. / His name is Timothy.
この手紙は / 文通友達からです / 彼の名前は Timothy です

7 *A:* Hi, Leo. / How are you doing?
A: こんにちは、Leo / 調子はどう

B: I'm fine, thanks.
B: 元気だよ、ありがとう

8 Welcome to my home, Erin. / Please come in.
わが家へようこそ、Erin / どうぞ入って

まとめて CHECK 「曜日」 🎧 48

☐ Sunday 日曜日
☐ Monday 月曜日
☐ Tuesday 火曜日
☐ Wednesday 水曜日
☐ Thursday 木曜日
☐ Friday 金曜日
☐ Saturday 土曜日
☐ holiday 祝日

ミニ模試にチャレンジ

問題1

49　イラストを参考にしながら英文と応答を聞き、最も適切な応答を **1, 2, 3** の中から一つ選びなさい。

No. 1

No. 2

No. 3

No. 4

No. 5

自信度チェック

	問題1					問題2							
	No. 1	*No. 2*	*No. 3*	*No. 4*	*No. 5*	*(1)*	*(2)*	*(3)*	*(4)*	*(5)*	*(6)*	*(7)*	*(8)*
1回目													
2回目													
3回目													

問題1　◎　全部聞き取れた　　○　なんとなく聞き取れた　　△　聞き取れなかった
問題2　◎　単語の意味が全部わかる　　○　わからない単語がある　　△　自信がない

問題 2 次の *(1)* から *(8)* までの (　　) に入れるのに最も適切なものを
1, 2, 3, 4 の中から一つ選び、その番号を答えなさい。

(1)　　*A:* What (　　) does your birthday party start today?
　　　　B: It starts at 3:00.
　　　　1　time　　　　**2**　day　　　　**3**　food　　　　**4**　flower

(2)　　*A:* Do you know Ms. Evans?
　　　　B: Yes, I know (　　).
　　　　1　I　　　　**2**　you　　　　**3**　her　　　　**4**　them

(3)　　*A:* Do you write e-mails to your (　　), Karen?
　　　　B: Yes, I do.
　　　　1　friends　　　　**2**　hands　　　　**3**　grams　　　　**4**　movies

(4)　　This birthday card is for my friend. His (　　) is George.
　　　　1　name　　　　**2**　book　　　　**3**　door　　　　**4**　classroom

(5)　　*A:* Are you (　　) a letter, Mike?
　　　　B: No, I'm studying.
　　　　1　teaching　　　　**2**　writing　　　　**3**　sleeping　　　　**4**　meeting

(6)　　This letter is from my pen pal. (　　) name is Timothy.
　　　　1　He　　　　**2**　His　　　　**3**　Him　　　　**4**　Their

(7)　　*A:* Hi, Leo. (　　) are you doing?
　　　　B: I'm fine, thanks.
　　　　1　Whose　　　　**2**　How　　　　**3**　Who　　　　**4**　Which

(8)　　Welcome (　　) my home, Erin. Please come in.
　　　　1　to　　　　**2**　about　　　　**3**　up　　　　**4**　under

Unit 8 買い物・プレゼント

① 場面で覚えよう 🎧50

場面を思いうかべながら、音読練習をしましょう。
親子で★と☆を交替(こうたい)して、スムーズに言えるようになるまで練習します。

1

☆ Can I have some orange juice, please?

★ Of course. Here you are.

　☆　オレンジジュースをもらえますか？
　★　もちろん。どうぞ。

2

★ How much is this chocolate?

☆ Three dollars.

　★　このチョコレートはいくらですか？
　☆　3ドルです。

子どものための豆知識　～パスポートのいらないホームステイ～

私は佐賀県に住んでいますが、以前は佐世保(させぼ)の米軍基地によくホームステイに行きました。だいたいお昼はピザ、夕食はバーベキュー。アメリカのバーベキューはハンバーグやチキンを焼いてパンにはさんで食べます。スーパーでの買い物も楽しかったし、基地内の青い郵便ポストにはびっくりしました。飛行機に乗らなくても異国の文化にふれることができますよ。

3

☆ Which shirt do you like, the white one or the brown one?

★ The brown one.

> ☆ どちらのシャツが好きですか、白いのですか、茶色いのですか？
> ★ 茶色いのです。

4

☆ Hi, I want some cheese cake, please.

★ That's $3.50.

> ☆ こんにちは、チーズケーキをください。
> ★ 3 ドル 50 セントです。
> ※ ＄3.50 = three dollars and fifty cents

5

★ Excuse me, I'd like to buy a toy for my granddaughter.

☆ Well, this one is popular.

> ★ すみません、孫娘（まごむすめ）におもちゃを 1 つ買いたいのですが。
> ☆ そうですね、このおもちゃが人気です。

大人のための豆知識　　〜英検と TOEIC、どっち？　その 3 〜

英検は低年齢化が非常に進んでおり、10 年前と比べて、特に英検 5 級・4 級では未就学児や低学年の受験生が圧倒的に増えました。中学生と混じって受験しなくてもよいように、部屋を分けている受験会場もあるほどです。小さなお子さまであれば、英検 5 級（その前に英検ジュニア）からスタートするのがよいでしょう。

英語表現を身につけよう

1 My hat is very old. I want a new one.

私のぼうしはとても古いです。新しいのがほしいです。

2 *A:* Excuse me, how much is this book?
B: It's nine hundred yen.

A: すみません、この本はいくらですか？
B: 900円です。

3 *A:* Mike, what do you want for your birthday?
B: A new bike!

A: Mike、誕生日に何がほしい？
B: 新しい自転車！

4 *A:* Let's go shopping at the supermarket, Karen!
B: OK.

A: スーパーマーケットに買い物に行こうよ、Karen！
B: いいよ。

単語の意味を覚えよう 52

1 ☐ hat 　(つばの小さい) ぼうし
　☐ old 　古い
2 ☐ Excuse me. 　すみません。
　☐ How much is this ～ ?
　　この～はいくらですか？

3 ☐ want 　ほしい
4 ☐ go shopping 　買い物に行く

5 Karen is doing homework at her desk.

Karen は彼女のつくえで宿題をしています。

6 *A:* Where's your history textbook, Mike?
B: I don't have it now. It's at home.

A: あなたの歴史の教科書はどこにありますか、Mike ?
B: 今は持っていません。家にあります。

7 *A:* Is Erin in your class this year?
B: Yes, she is. I'm happy.

A: Erin は今年あなたのクラスにいるの？
B: うん、いるよ。ぼくはうれしいよ。

8 *A:* I can't find my English textbook.
B: OK. You can use this one today, Leo.

A: 英語の教科書を見つけられないよ。
B: 大丈夫。今日はこれを使っていいよ、Leo。

5 □ desk　　つくえ
6 □ at home　　家に

7 □ happy　　うれしい
8 □ find　　見つける
　　□ use　　使う

取り組み方は 9 ページを見てください。

1

A: When do you do / your homework, / Mike?

A: いつあなたはするの / 宿題を / Mike

B: Before dinner. / After dinner, / I watch TV.

B: 夕食の前に / 夕食の後は / テレビを見るよ

2

Go to your room / and do your homework!

自分の部屋に行って / 宿題をしなさい

3

A: How long / is the English test?

A: どれくらいの長さですか / 英語のテストは

B: Fifty minutes.

B: 50 分です

4

Let's start today's math lesson.

今日の算数の授業を始めましょう

Open your textbooks / to page 30.

教科書を開いてください / 30 ページを

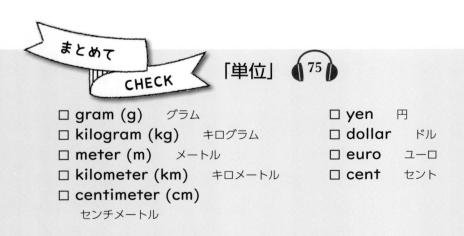

まとめて CHECK 「単位」

□ gram (g)　グラム

□ kilogram (kg)　キログラム

□ meter (m)　メートル

□ kilometer (km)　キロメートル

□ centimeter (cm)
　センチメートル

□ yen　円

□ dollar　ドル

□ euro　ユーロ

□ cent　セント

5 Karen is doing homework / at her desk.

Karen は宿題をしています / 彼女のつくえで

6 *A:* Where's your history textbook, / Mike?

A: あなたの歴史の教科書はどこにありますか / Mike

B: I don't have it now. / It's at home.

B: 今は持っていません / 家にあります

7 *A:* Is Erin in your class / this year?

A: Erin はあなたのクラスにいるの / 今年

B: Yes, she is. / I'm happy.

B: うん、いるよ / ぼくはうれしいよ

8 *A:* I can't find my English textbook.

A: 英語の教科書が見つけられないよ

B: OK. / You can use this one today, / Leo.

B: 大丈夫 / 今日はこれを使っていいよ / Leo

まとめて CHECK　「体」🎧76

- ☐ hair　髪
- ☐ head　頭
- ☐ shoulder　かた
- ☐ knee　ひざ
- ☐ toe　つま先
- ☐ face　顔

- ☐ eye　目
- ☐ ear　耳
- ☐ mouth　☐
- ☐ nose　鼻
- ☐ hand　手
- ☐ finger　指

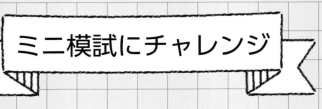

ミニ模試にチャレンジ

🎧 77　対話と質問を聞き、その答えとして最も適切なものを **1**, **2**, **3**, **4** の中から一つ選びなさい。

No. 1

1 This morning.
2 This afternoon.
3 Tomorrow morning.
4 Tomorrow afternoon.

No. 2

1 He watches TV.
2 He plays tennis.
3 He reads a book.
4 He does his homework.

No. 3

1 Math.
2 Science.
3 English.
4 History.

No. 4

1 Reading a comic book.
2 Making breakfast.
3 Playing soccer.
4 Buying some food.

No. 5

1 Two.
2 Three.
3 Four.
4 Five.

自信度チェック

	問題1					問題2							
	No. 1	*No. 2*	*No. 3*	*No. 4*	*No. 5*	*(1)*	*(2)*	*(3)*	*(4)*	*(5)*	*(6)*	*(7)*	*(8)*
1回目													
2回目													
3回目													

問題1　◎ 全部聞き取れた　　○ なんとなく聞き取れた　　△ 聞き取れなかった
問題2　◎ 単語の意味が全部わかる　　○ わからない単語がある　　△ 自信がない

次の *(1)* から *(8)* までの（　　）に入れるのに最も適切なものを
1, 2, 3, 4 の中から一つ選び、その番号を答えなさい。

---

(1) **A:** (　　) do you do your homework, Mike?
　　　B: Before dinner. After dinner, I watch TV.
　　　1 Where　　　**2** When　　　**3** Who　　　**4** Whose

(2) (　　) to your room and do your homework.
　　　1 Read　　　**2** Want　　　**3** Start　　　**4** Go

(3) **A:** How (　　) is the English test?
　　　B: Fifty minutes.
　　　1 pretty　　　**2** long　　　**3** old　　　**4** small

(4) Let's start today's math lesson. Open your (　　) to page 30.
　　　1 textbooks　　**2** tennis　　　**3** bread　　　**4** ice

(5) Karen is (　　) homework at her desk.
　　　1 do　　　**2** does　　　**3** are　　　**4** doing

(6) **A:** Where's your history textbook, Mike?
　　　B: I don't have it now. It's (　　) home.
　　　1 on　　　**2** over　　　**3** about　　　**4** at

(7) **A:** Is Erin in your class this year?
　　　B: Yes, she is. I'm (　　).
　　　1 happy　　　**2** tall　　　**3** cloudy　　　**4** fast

(8) **A:** I can't (　　) my English textbook.
　　　B: OK. You can use this one today, Leo.
　　　1 cook　　　**2** drink　　　**3** sing　　　**4** find

旅行

① 場面で覚えよう 🎧78

場面を思いうかべながら、音読練習をしましょう。
親子で★と☆を交替して、スムーズに言えるようになるまで練習します。

1

☆ What are Karen and Mike doing?

★ They are playing on the beach.

　☆ Karen と Mike は何をしていますか？
　★ 浜辺で遊んでいます。

2

★ Where is George?

☆ He is at the zoo.

　★ George はどこにいますか？
　☆ 動物園にいます。

子どものための豆知識　～わからなくても、とりあえずマークしよう～

「わからないときは飛ばす」というのも大事ですが、必ずどれかにマークをして進みましょう。理由は2つ。①マークをすれば4分の1の確率で正解する。②問題を飛ばした場合、どれかにマークをしておかないとマークのずれにつながる。過去問や練習問題を解くときもマークシートを使って練習しましょう。1.3mm のマークシート用シャープペンがおすすめです。

3

☆ What does Karen like to do?

★ She likes hiking.

　☆ Karen は何をするのが好きですか？
　★ ハイキングが好きです。

4

★ What are Mike and George doing?

☆ They are looking at ships.

　★ Mike と George は何をしていますか？
　☆ 船を見ています。

5

☆ What does Mr. Davis do?

★ He is a pilot.

　☆ Davis さんの仕事は何ですか？
　★ パイロットです。

大人のための豆知識　　〜英語の学習は家庭で、の理由〜

英語ができるようになるには 2000 時間の学習が必要と言われています。プロになるには 1 万時間の学習が必要です。週に 1 回英語教室に通っても、年に 50 時間。英語ができるようになるのに 40 年かかってしまいます。中高英語をやったのにできるようにならない、というのもこれが理由。学習時間が足りていないのです。1 日 30 分の家庭学習を続ければ、3 か月で 45時間。1 時間やれば、3 か月で 90 時間。外に習いに行くよりも大きな効果が見込めます。

英語表現を身につけよう

1 This train runs from Tokyo to Hakata.

この電車は東京から博多まで走ります。

2 Let's go camping this weekend!

今週末キャンプに行こう！

3 Look at the new plane over there!

あそこの新しい飛行機を見て！

4
A: Where is Sendai Station?
B: Go straight and turn right.

A: 仙台駅はどこですか？
B: まっすぐ行って右に曲がってください。

 **単語の意味を覚えよう** 80

1 ☐ run 走る
☐ from ~ to ... ～から…まで
2 ☐ go camping キャンプに行く
3 ☐ look at ~ ～を見る
☐ plane 飛行機
☐ over there あそこ

4 ☐ where どこ
☐ station 駅
☐ straight まっすぐに
☐ turn right 右に曲がる

5

A: Does this bus go to Nagoya?
B: Yes, it does.

A: このバスは名古屋に行きますか？
B: はい、行きます。

6

A: Where is my train ticket?
B: On the table.

A: 私の電車のチケットはどこですか？
B: テーブルの上です。

7

Mike needs a backpack for his summer camp.

Mike はサマーキャンプのためのバックパックが必要です。

8

Karen and Mike are waiting at the airport.

Karen と Mike は空港で待っています。

6 □ table　テーブル

7 □ backpack　バックパック
8 □ wait　待つ
　□ airport　空港

取り組み方は 9 ページを見てください。

1 This train runs / from Tokyo to Hakata.
この電車は走ります / 東京から博多まで

2 Let's go camping / this weekend!
キャンプに行こう / 今週末

3 Look at the new plane / over there!
新しい飛行機を見て / あそこの

4 *A:* Where is Sendai Station?
A: 仙台駅はどこですか

B: Go straight / and turn right.
B: まっすぐ行って / 右に曲がってください

まとめて CHECK　「乗り物」 82

- □ bike　自転車
- □ taxi　タクシー
- □ car　自動車
- □ ship　船

- □ boat　ボート
- □ subway　地下鉄
- □ skateboard　スケートボード
- □ rocket　ロケット

5 **A:** Does this bus go to Nagoya?

A: このバスは名古屋に行きますか

B: Yes, it does.

B: はい、行きます

6 **A:** Where is my train ticket?

A: 私の電車のチケットはどこですか

B: On the table.

B: テーブルの上です

7 Mike needs a backpack / for summer camp.

Mike はバックパックが必要です / サマーキャンプのための

8 Karen and Mike are waiting / at the airport.

Karen と Mike は待っています / 空港で

まとめて CHECK 「世界の国々・地域」 🎧 83

- ☐ **Brazil** ブラジル
- ☐ **China** 中国
- ☐ **Germany** ドイツ
- ☐ **United Kingdom** イギリス
- ☐ **Spain** スペイン
- ☐ **Mexico** メキシコ
- ☐ **Australia** オーストラリア
- ☐ **Asia** アジア
- ☐ **Africa** アフリカ
- ☐ **Europe** ヨーロッパ

ミニ模試にチャレンジ

🎧 84　三つの英文を聞き、その中から絵の内容を最もよく表しているものを一つ選びなさい。

No. 1

No. 2

No. 3

No. 4

No. 5

自信度チェック

	問題1					問題2							
	No. 1	*No. 2*	*No. 3*	*No. 4*	*No. 5*	*(1)*	*(2)*	*(3)*	*(4)*	*(5)*	*(6)*	*(7)*	*(8)*
1回目													
2回目													
3回目													

問題1　◎ 全部聞き取れた　　○ なんとなく聞き取れた　　△ 聞き取れなかった
問題2　◎ 単語の意味が全部わかる　　○ わからない単語がある　　△ 自信がない

3

次の *(21)* から *(25)* までの日本文の意味を表すように ① から ④ までを並べかえて ☐ の中に入れなさい。そして，1番目と3番目にくるものの最も適切な組合せを **1, 2, 3, 4** の中から一つ選び，その番号のマーク欄をぬりつぶしなさい。※ただし，（　　）の中では，文のはじめにくる語も小文字になっています。

---

(21) 母はお茶を飲んでいます。
(① drinking　　② cup　　③ of　　④ a)

My mother is ☐【1番目】☐ ☐【3番目】☐ tea.

1 ①－②　　**2** ②－④　　**3** ③－①　　**4** ④－②

---

(22) あなたの妹はピアノが弾けますか。
(① your　　② play　　③ sister　　④ can)

☐【1番目】☐ ☐【3番目】☐ the piano?

1 ①－③　　**2** ②－④　　**3** ③－②　　**4** ④－③

---

(23) 父は歌を歌うのがうまくありません。
(① singer　　② good　　③ isn't　　④ a)

My father ☐【1番目】☐ ☐【3番目】☐ .

1 ②－①　　**2** ①－④　　**3** ③－②　　**4** ③－①

---

(24) 英語のテストのために勉強をしましょう。
(① for　　② our　　③ let's　　④ study)

☐【1番目】☐ ☐【3番目】☐ English test.

1 ①－③　　**2** ②－③　　**3** ④－②　　**4** ③－①

---

(25) ジェーンのノートは彼女の机の上にあります。
(① her　　② on　　③ desk　　④ is)

Jane's notebook ☐【1番目】☐ ☐【3番目】☐ .

1 ③－②　　**2** ④－①　　**3** ①－③　　**4** ②－④

❶このテストには，**第 1 部**から**第 3 部**まであります。

英文は二度放送されます。

第 1 部	イラストを参考にしながら英文と応答を聞き，最も適切な応答を **1, 2, 3** の中から一つ選びなさい。
第 2 部	対話と質問を聞き，その答えとして最も適切なものを **1, 2, 3, 4** の中から一つ選びなさい。
第 3 部	三つの英文を聞き，その中から絵の内容を最もよく表しているものを一つ選びなさい。

❷ *No. 25* のあと，10 秒すると試験終了の合図がありますので，筆記用具を置いてください。

第 1 部 🎧85 ～ 🎧90

例題

No. 1

No. 2

No. 3

No. 4

No. 5

No. 6

No. 7

No. 8

No. 9

No. 10

No. 11 **1** In a car.
2 On a chair.
3 By the TV.
4 Under his desk.

No. 12 **1** In July.
2 In August.
3 In September.
4 In October.

No. 13 **1** A letter.
2 A magazine.
3 A textbook.
4 A newspaper.

No. 14 **1** The blue one.
2 The green one.
3 The brown one.
4 The white one.

No. 15 **1** One.
2 Three.
3 Five.
4 Seven.

第3部

No. 16

No. 17

No. 18

No. 19

No. 20

No. 21

No. 22

No. 23

No. 24

No. 25

重要単語・表現リスト

この本に出てきた単語・表現のリストです。数字は取り上げたページ番号を表しています。

A

a cup of ~	1 ぱいの～	91
Africa	アフリカ	109
after ~	～の後に	98
after school	放課後	82
airport	空港	107
always	いつも	90
apple	りんご	60
April	4月	37
around ~	～ごろ、およそ～	19
Asia	アジア	109
at home	家に	99
August	8月	37
aunt	おば	20
Australia	オーストラリア	26, 109
autumn	秋	53

B

baby	赤ちゃん	20
baby sister	小さい妹	19
backpack	バックパック	107
bag	かばん	76
ball	ボール	50
banana	バナナ	60
band	バンド、楽団	84
bank	銀行	77
baseball	野球	51
basketball	バスケットボール	50
bathroom	浴室、トイレ	21
beautiful	美しい	18
bedroom	寝室	21
before ~	～の前に	98
be ~ing	～している	67
be good at ~	～が上手だ	83
bike	自転車	108

bird	鳥	59
birthday	誕生日	35
birthday card	誕生日カード	66
birthday party	誕生日会	66
black	黒い、黒色 (の)	61
blue	青い、青色 (の)	61
boat	ボート	108
bookstore	本屋	77
boots	ブーツ	76
Brazil	ブラジル	109
breakfast	朝食	90
brother	兄、弟、兄弟	19
brown	茶色い、茶色 (の)	61
busy	いそがしい	82
but	でも、しかし	58
buy	買う	91
by ~	～で	75
by train	電車で	42

C

café	カフェ	77
cake	ケーキ	93
can	できる	75
candy	キャンディ	92
car	自動車	108
carrot	にんじん	60
cent	セント	100
centimeter (cm)	センチメートル	100
chair	いす	45
class	授業	45
chicken	とり肉	91
China	中国	109
chocolate	チョコレート	92
class	授業	45
clean the classroom	教室をそうじする	28
cloudy	くもっている	53

club	部、クラブ	82
coat	コート	76
cold	寒い、冷たい	35
cold beer	冷たいビール	93
color	色	59
come	来る	51
come from ~	～出身だ	43
come home	家に帰る	19
cook	料理する	90
country	国	27
cousin	いとこ	20
cucumber	きゅうり	60
curry	カレー	92
cute	かわいい	19

D

dance	ダンスをする	29
date	日付	34
day	日	34
December	12月	37
desk	つくえ	45, 99
dessert	デザート	93
dictionary	辞書	44
difficult	難しい	44
doctor	医者	85
dog	犬	59
do homework	宿題をする	98
dollar	ドル	100
Don't be sad.	悲しまないで。	68
Don't worry!	心配しないで!	68
drink	飲む	91
driver	運転手	85
drum	ドラム	84

E

ear	耳	101
easy	簡単な	44
eat lunch with ~	～と昼食を食べる	28
egg	卵	90
eighth	8番目(の)	36
eleventh	11番目(の)	36

e-mail	Eメール	66
engineer	エンジニア	85
English	英語	42
eraser	消しゴム	45
euro	ユーロ	100
Europe	ヨーロッパ	109
every day	毎日	59
every night	毎晩	19
every weekend	毎週末	50
exam	試験	44
Excuse me.	すみません。	74
eye	目	101

F

face	顔	101
father (dad)	お父さん	20
February	2月	37
fifth	5番目(の)	36
find	見つける	99
fine	元気な	67
finger	指	101
first	1番目(の)	36
floor	ゆか	21
flower	花	75
flute	フルート	84
football	フットボール	52
for ~	～のために	66
fourth	4番目(の)	36
France	フランス	27
free	手があいて、ひまな	27
Friday	金曜日	69
from ~	～から	67
from ~ to ...	～から…まで	106

G

Germany	ドイツ	109
get to ~	～に行く	42
glove	グローブ、手ぶくろ	50, 52
glue	のり	45
go camping	キャンプに行く	106
go fishing	つりに行く	29

L

lawyer	弁護士	85
Let's ~	～しましょう	26
library	図書館	45
light	ライト、照明	21
like	好きだ	26
like ~ing	～するのが好きだ	27
listen to music	音楽を聴く	28
live	住む	18
living room	リビングルーム	21
long	長い	18
look at ~	～を見る	106
lunch	昼食	90

M

make	作る	90
make sweets	お菓子を作る	29
March	3 月	35, 37
math	算数、数学	98
May	5 月	37
meter (m)	メートル	100
Mexico	メキシコ	109
minute	分	98
Monday	月曜日	69
month	（暦の）月	34
mother (mom)	お母さん	20
mouth	口	101
Ms. ~	（女性に対して）～さん、～先生	66
musician	ミュージシャン	84

N

need	必要とする	43
new	新しい	42
next	次の	82
Nice to meet you.	はじめまして。	42
ninth	9 番目（の）	36
No problem.	問題ないよ。	68
nose	鼻	101
notebook	ノート	43
November	11 月	37

now	今	35
nurse	看護師	85

O

~ o'clock	～時	35
October	10 月	34, 37
of course	もちろん	58
office	オフィス	77
office worker	会社員	85
often	しばしば	51
old	古い	74
on weekends	毎週末に	59
onion	たまねぎ	60
open	開ける、開く	35
orange	オレンジ	91
over there	あそこ	106

P

paint a picture	絵を描く	28
park	公園	50
P.E.	体育	44
pen	ペン	43
pencil	えんぴつ	45
pen pal	文通友達	67
pepper	こしょう	60
phone	電話	75
picture	写真、絵	18
pie	パイ	93
pink	ピンク（の）	61
plane	飛行機	106
play a computer game	コンピューターゲームをする	26
player	選手	52
play in the schoolyard	校庭で遊ぶ	28
Please come in.	どうぞお入りください。	67
police officer	警察官	85
police station	警察署	77
post office	郵便局	77
potato	じゃがいも	58
practice	練習する	83
practice hard	一生懸命に練習する	52

ticket	チケット、きっぷ	51
time	時間	35
toast	トースト	90
toe	つま先	101
tomorrow	明日	83
~, too	～もまた	51
trumpet	トランペット	84
T-shirt	Tシャツ	58
Tuesday	火曜日	69
turn right	右に曲がる	106
TV	テレビ	98
twelfth	12番目（の）	36

U

uncle	おじ	20
uniform	制服	76
United Kingdom	イギリス	109
use	使う	99

V

vegetable	野菜	58
very much	とても	27
violin	バイオリン	84
volleyball	バレーボール	50

W

wait	待つ	107
walk	歩く	75
wall	かべ	21
want	ほしい	74
watch	うで時計	76
watch	見る	98
watch movies	映画を観る	29
water	水	90
water flowers	花に水をやる	28
watermelon	すいか	60
Wednesday	水曜日	69
week	週	34
Welcome to ~ .	～へようこそ。	67
What time ~ ?	何時に～？	66
when	いつ	82

where	どこ	106
Where is/are ~ from?	～はどこ出身ですか？	26
white	白い、白色（の）	61, 75
who	だれ	42
window	まど	35
windy	風の強い	53
wine	ワイン	93
winter	冬	53
with ~	～といっしょに、～と	90
write a diary	日記を書く	29
write a letter	手紙を書く	67
write a song	作曲する	84
write ~ to ...	…に～を書く	66

Y

year	年、年齢	34
~ years old	～歳	18
yellow	黄色い、黄色（の）	59
yen	円	100

著者紹介　長田いづみ

親子英語協会代表理事。26歳より英語学習を始め、英検1級、TOEIC990点（満点）を取得。長いTOEIC指導歴を通じて、就職活動で求められる「TOEIC最低600点の壁」を早いうちに超えるのが必須だと実感。ここから逆算し、高校生で600点、さらに逆算して小学生のうちに英検3級（中学校3年程度）を取得することを目指す。子ども向け英会話教室を経営していた経験を活かしつつ、「最短距離で英検合格」の実績を積んでいる。受講生の合格率は9割を超える。2018年9月に親子英語協会を設立。当初から「オンラインのみ」の講座スタイルで、日本全国、そして海外からの受講生もあとを絶たない。このメソッドで英検に合格した小学生や中学生は300人を超える。さらに、英語講座を担当する、親子英語インストラクターを養成し、裾野を広げている。

▼ 1万人が読んでいる英語学習のヒントメルマガ登録はこちらから
https://system.faymermail.com/forms/2850

親子でいっしょに最短合格 英検5級

2021年11月25日　初版　第1刷発行
2024年 3月 5日　　　　第2刷発行

著者	長田 いづみ
発行者	天谷 修身
発行	株式会社 アスク
	〒162-8558　東京都新宿区下宮比町2-6
	TEL: 03-3267-6864　　　FAX: 03-3267-6867
	URL: https://www.ask-books.com/
装幀	岡崎 裕樹
DTP	有限会社 ブルーインク
印刷・製本	株式会社 光邦
問題執筆	江藤 友佳
イラスト	うつみ ちはる　　須藤 裕子　　矢井 さとみ
ナレーター	Rumiko Vernes　　Josh Keller　　吉田 聖子

許可なしに転載・複製することを禁じます。　ⓒ Izumi Osada 2021
ISBN: 978-4-86639-445-9　　　Printed in Japan

落丁・乱丁はお取り替えいたします。

本書および音声ダウンロードに関するお問い合わせ・ご意見は下記までお願いいたします。

PC https://www.ask-books.com/support/　Smartphone　お問い合わせ　読者アンケート

もくじ

リスニング問題では、★＝男性、☆＝女性 を示しています。

答え

問題1

	No. 1	No. 2	No. 3	No. 4	No. 5
	2	3	1	3	1

問題2

	(1)	(2)	(3)	(4)	(5)	(6)	(7)	(8)
	1	3	4	1	3	1	4	3

問題1

No. 1　答え　2

☆ Excuse me. Are you Mr. Smith?
1　Your welcome.
2　Yes, I am.
3　I like school.

☆　すみません。あなたが Smith 先生ですか？
1　どういたしまして。
2　はい、そうです。
3　私は学校が好きです。

解説　Are you 〜? で始まる質問の答えは、Yes か No です。1 は Thank you. とお礼を言われた
あとに言うあいさつ。3 は「学校が好きです」と話しているので、どちらも合いません。

No. 2　答え　3

★ Is that your mother?
1　I'm fine, thanks.
2　On the table.
3　No, this is my aunt.

★　そちらはきみのお母さんかな？
1　元気です、ありがとう。
2　テーブルの上だよ。
3　いいえ、これは私のおばよ。

解説　Is this 〜? で始まる質問の答えは、Yes か No です。1 は How are you? 「元気ですか？」と
たずねられたときに言う表現、2 は「テーブルの上だよ」と【場所】を答えているので、どちら
も合いません。

No. 3 答え **1**

☆ Where do you live?
  1 On Autumn Street.
  2 No, I don't.
  3 I like it.

☆　あなたはどこに住んでいるの？
  1　オータム通りだよ。
  2　ううん、しないよ。
  3　ぼくはそれが好きだよ。

解説　Where ～ ? は、【場所】をたずねるときに使います。場所を答えている 1 が正解です。2 は Do you ～ ? で始まる質問に対する答え、3 は「それが好き」と話しているので、どちらも合いません。

No. 4 答え **3**

☆ How old is your grandfather?
  1 It's mine.
  2 At home.
  3 He's seventy.

☆　あなたのおじいさんは何歳なの？
  1　それはぼくのものだよ。
  2　家だよ。
  3　彼は 70 歳だよ。

解説　How old ～ ? は、年齢をたずねるときに使います。年齢を答えている 3 が正解です。1 はだれのものかについて、2 は場所について答えているので、質問の答えとして合いません。

No. 5 答え **1**

☆ Hi, I'm Karen Ogawa.
  1 Nice to meet you.
  2 It's Saturday.
  3 Sure, I can.

☆　こんにちは、Ogawa Karen です。
  1　はじめまして。
  2　土曜日です。
  3　もちろん、できます。

解説　初めて会う人には、Nice to meet you. とあいさつをします。2 は曜日を答える表現、3 は Can you ～ ? で始まる質問文に対する答えです。

(1) 答え **1**

A: Leo、あちらはあなたのお姉さんなの？

B: うん。彼女は高校生だよ。

1 あなたの　　2 私は

3 彼女は　　　　4 彼を（に）

解説 4つの選択肢の中で、「〜の」を表すのは your だけです。

(2) 答え **3**

Karen の祖父母は名古屋に住んでいます。

1 行く　　　　2 食べる

3 住んでいる　4 買う

解説 live in 〜 で「〜に住んでいる」です。この問題では（　　）の後ろが〈in + 場所〉なので、live を入れると「名古屋に住んでいます」という意味になります。

(3) 答え **4**

A: これは私の母の写真だよ。

B: わあ、彼女はとても美しいね。彼女の髪<ruby>髪<rt>かみ</rt></ruby>は本当に長いわ。

1 うれしい

2 正しい

3 （スピードが）おそい

4 長い

解説 この中で、「髪<ruby>髪<rt>かみ</rt></ruby>」の説明に当てはまるのは long だけです。

(4) 答え **1**

私の父は45歳<ruby>歳<rt>さい</rt></ruby>です。

1 （〜 years old で）〜歳<ruby>歳<rt>さい</rt></ruby>

2 新しい

3 すべての

4 毎〜、それぞれの

解説 years old で年齢を表します。

(5) 答え **3**

A: 兄弟か姉妹はいるの、George ？

B: 兄弟が2人いるよ。

1 洗<ruby>洗<rt>あら</rt></ruby>う　　　　2 走る

3 （家族が）いる　4 飲む

解説 「（家族が）いる」を表すときは have を使います。

(6) 答え **1**

A: あなたは学生ですか？

B: はい、そうです。私は中学校に通っています。

1 （主語が you、we、they などのとき）

2 （主語が I のとき）

3 （主語が I、you、we、they などのとき）

4 （主語が he、she、it などのとき）

解説 話している相手についてたずねるときは、Are you 〜 ? を使います。

(7) 答え **4**

A: あなたの小さい妹は本当にかわいいですね。何歳<ruby>歳<rt>さい</rt></ruby>ですか？

B: 3歳<ruby>歳<rt>さい</rt></ruby>です。

1 いつ　　　　2 だれ

3 どの　　　　**4 （How old で）何歳<ruby>歳<rt>さい</rt></ruby>**

解説 年齢<ruby>年齢<rt>ねんれい</rt></ruby>をたずねるときは How old 〜 ? を使います。

(8) 答え **3**

Mike の母は毎晩8時ごろに家に帰ります。

1 〜に　　　　2 〜をこえて

3 〜ごろに　　4 下に

解説 around は、時間の前について「〜ごろに」を表します。

答え

 問題1

	No. 1	*No. 2*	*No. 3*	*No. 4*	*No. 5*
	4	**2**	**3**	**2**	**4**

問題2

(1)	*(2)*	*(3)*	*(4)*	*(5)*	*(6)*	*(7)*	*(8)*
2	**1**	**2**	**1**	**4**	**1**	**2**	**4**

問題1

No. 1　答え　**4**

★ Mom, this is my friend George.
☆ Nice to meet you, George.
Question: Who is George?

★　お母さん、友達の George だよ。
☆　はじめまして、George。
質問：George はだれですか？

選択肢の訳　1　男の子の父親。　　2　男の子の兄（弟）。
　　　　　　　3　男の子の先生。　　**4　男の子の友達。**

解説　男の子が最初に my friend と紹介しています。

No. 2　答え　**2**

☆ Is this your yellow pen, Mike?
★ No, it's George's. Mine is blue.
Question: What color is Mike's pen?

☆　これはあなたの黄色いペンですか、Mike？
★　いいえ、それは George のです。ぼくのは青色です。
質問：Mike のペンは何色ですか？

選択肢の訳　1　赤色。　　　　　**2　青色。**
　　　　　　　3　黒色。　　　　　4　黄色。

解説　選択肢を見て、色が出てくる問題だと予想します。Mike と呼びかけられた男の子が Mine is blue. と答えていることから、Mike のペンは青色だとわかります。

No. 3 答え **3**

★ Is your house near the school, Karen?
☆ No, it's near the library.
Question: Where is Karen's house?

★　あなた の 家 は 学校 の 近く ですか、Karen？
☆　いいえ、図書館の近くです。
質問：Karen の家はどこですか？

選択肢の訳　　1　駅の近く。　　　　　　2　公園の近く。
　　　　　　3　図書館の近く。　　4　郵便局の近く。

解説　Is ～? で始まる質問の答えは、Yes か No です。また、4つの選択肢の中で near the library 以外は会話中に出てきません。

No. 4 答え **2**

☆ Please come to my birthday party this Saturday afternoon.
★ OK, Karen. See you then.
Question: When is Karen's birthday party?

☆　土曜日の午後私の誕生日会に来てね。
★　いいよ、Karen。じゃ、そのときにね。
質問：Karen の誕生日会はいつですか？

選択肢の訳　　1　土曜日の朝。　　　　　**2　土曜日の午後。**
　　　　　　3　日曜日の朝。　　　　　4　日曜日の午後。

解説　曜日と時間帯を聞き取りましょう。Saturday「土曜日」と Sunday「日曜日」がどちらも S で始まるので注意しましょう。

No. 5 答え **4**

★ Is that umbrella by the window yours, Karen?
☆ No, Mike. It's Leo's. Mine is in my locker.
Question: Whose umbrella is by the window?

★　まどのそばにある傘はきみのかな、Karen？
☆　ううん、Mike。それは Leo のだよ。私のはロッカーにあるよ。
質問：だれの傘がまどのそばにありますか？

選択肢の訳　　1　学校の。　　　　　　2　Karen の。
　　　　　　3　Mike の。　　　　　**4　Leo の。**

解説　人の名前がたくさん出てきますから、注意して聞きましょう。人の名前に ~'s がつくと、「～の」「～のもの」という意味を表します。

(1) 答え **2**

ぼくは Mike が好きです。ぼくたちはぼく
の家でコンピューターゲームをよくします。
1　～をこえて　　**2　～で**
3　～の　　　　　4　～に

解説　（　　　）の後ろに my house と【場
所】を表す表現があるので、at を選
びます。

(2) 答え **1**

A: Erin はどこ出身なの？
B: 彼女はオーストラリア出身だよ。
1　どこ　　　　2　だれ
3　何　　　　　　4　いつ

解説　B さんのセリフから、【場所】をたず
ねているとわかります。【場所】をた
ずねる文は Where ~ ? です。

(3) 答え **2**

A: サマーキャンプについて話しましょう！
B: わかりました。
1　歌う　　　　　**2　話す**
3　すわる　　　　4　運転する

解説　talk about ~ で、「～について話す」
という意味です。

(4) 答え **1**

ごめんなさい、Mike。今あなたとは話せな
いの。
1　あなた　　　2　あなたのもの
3　あなたの　　　4　あなた自身

解説　speak with の後ろは【人】を表すこ
とばが入ります。

(5) 答え **4**

A: 図書館へ行こうよ！
B: いい考えね。私は本を読むのがとても好
きだよ。
1　～といっしょに
2　～の
3　～をこえて
4　～へ

解説　go to ~ で「～へ行く」という意味で
す。

(6) 答え **1**

A: 私はイタリアの音楽が好きだよ。あなた
はどう？
B: ぼくも好きだよ。
1　どう　　　　2　いつ
3　だれ　　　　　4　なぜ

解説　How about ~ ? で「～はどうです
か？」という意味を表します。英検
でよく出題されます。

(7) 答え **2**

私の友達はフランスに住んでいます。すて
きな国です。
1　見る　　　　　**2　住んでいる**
3　飲む　　　　　4　必要とする

解説　France という【場所】を表すことば
続いているので、live in ~「～に住
んでいる」が正解です。

(8) 答え **4**

来週の日曜日はあいていますか？
1　（主語が I、you、we、they などのとき）
2　（主語が he、she、it などのとき）
3　（主語が he、she、it などのとき）
4　（主語が you、we、they などのとき）

解説　相手の状態をたずねたいときは、
Are you ~ ? を使って質問します。

Unit 3　ミニ模試 （問題は本冊の p. 38 ～ p. 39)

（問題は本冊の p. 38 ～ p. 39)

答え

問題1

No. 1	No. 2	No. 3	No. 4	No. 5
2	2	1	1	3

問題2

(1)	(2)	(3)	(4)	(5)	(6)	(7)	(8)
2	1	4	4	1	2	3	2

問題1

No. 1　答え　2

1　It's windy.	1　風がふいています。
2　It's cloudy.	**2　くもっています。**
3　It's sunny.	3　晴れています。

解説　天気を表すときは、It's ~. を使います。天気を表す単語を復習しておきましょう。

No. 2　答え　2

1　I'm one hundred and sixty-three centimeters tall.	1　私の身長は 163 センチメートルです。
2　I'm one hundred and fifty-three centimeters tall.	**2　私の身長は 153 センチメートルです。**
3　I'm one hundred and fifty centimeters tall.	3　私の身長は 150 センチメートルです。

解説　イラストの数字を見て、先に発音を思いうかべましょう。153 は one hundred and fifty-three です。

No. 3 答え **1**

1 It's nine hundred and ninety meters long.	**1 それは長さ 990 メートルです。**
2 It's nine hundred meters long.	2 それは長さ 900 メートルです。
3 It's nine hundred and nine meters long.	3 それは長さ 909 メートルです。

解説 990 は nine hundred and ninety と発音します。大きな数にも慣れておきましょう。

No. 4 答え **1**

1 I get up at seven.	**1 私は 7：00 に起きます。**
2 I get up at seven-thirty.	2 私は 7：30 に起きます。
3 I get up at eight.	3 私は 8：00 に起きます。

解説 時刻の言い方を覚えましょう。7 時ちょうど、8 時ちょうどなどのときは、seven o'clock、eight o'clock のように o'clock をつけることもあります。

No. 5 答え **3**

1 I'm going to the sixth floor.	1 私は 6 階へ向かいます。
2 I'm going to the fifteenth floor.	2 私は 15 階へ向かいます。
3 I'm going to the fifth floor.	**3 私は 5 階へ向かいます。**

解説 建物の階数は、「〜番目」という意味の表現を使って表します。one、two、three … と first、second、third … はどちらも言えるようになりましょう。

(1) 答え **2**

A: 今日は何曜日ですか？
B: 木曜日です。

1　夏　　　　　　　**2　木曜日**
3　月　　　　　　　4　風がふいている

解説 What day is it today? も「今日は何曜日ですか？」を表します。どちらの言い方も覚えましょう。

(2) 答え **1**

A: 今日は何月何日ですか？
B: 7月21日です。

1　日付　　　　　2　天気
3　時間　　　　　　4　1時間

解説 What's the date today? で日付をたずねることができます。「7月21日」は July twenty-first です。日付には序数を使うことを覚えておきましょう。

(3) 答え **4**

A: 今日は晴れている？
B: うん、そして暑いよ。

1　（主語が I、you、we、they などのとき）
2　（主語が he、she、it などのとき）
3　（主語が you、we、they などのとき）
4　（主語が he、she、it などのとき）

解説 天気は It is 〜. / It's 〜. で表すので、質問の文は Is it 〜? です。

(4) 答え **4**

10月は1年の中で10番目の月です。

1　11月　　　　　2　8月
3　9月　　　　　　**4　10月**

解説 tenth は「10番目の」という意味です。「〜番目の」を表す表現はしっかり覚えておきましょう。

(5) 答え **1**

A: 今何時かな、Karen？
B: 3時だよ。

1　何　　　　　　2　どう
3　どこ　　　　　　4　だれ

解説 What time is it now? で「今何時ですか？」を表します。「3時」は three o'clock です。

(6) 答え **2**

とても暑いです。まどを開けてください。

1　料理する　　　　**2　開ける**
3　置く　　　　　　4　話す

解説 この中で、暑いときに「まど」に対してできることは「開ける」ことだけです。閉めてほしいときは Please close the window. と言います。

(7) 答え **3**

今年の冬、北海道はとても寒いです。

1　（スピードが）おそい
2　かわいらしい
3　寒い
4　うれしい

解説 冬の北海道に合うものは cold「寒い」です。cold は「（ものが）冷たい」という意味もあります。

(8) 答え **2**

A: あなたの誕生日はいつですか？
B: 3月1日です。

1　だれの　　　　　**2　いつ**
3　どこ　　　　　　4　なぜ

解説 When is your birthday? で「誕生日はいつですか？」を表します。また、「3月1日」は March first と発音します。

答え

| | No. 1 | No. 2 | No. 3 | No. 4 | No. 5 |
|問題1| 3 | 2 | 1 | 3 | 2 |

| | (1) | (2) | (3) | (4) | (5) | (6) | (7) | (8) |
|問題2| 1 | 1 | 3 | 3 | 1 | 1 | 1 | 4 |

問題1

No. 1　答え　3

★ Who is your English teacher?
1　It's January fourteenth.
2　No, it's mine.
3　Mr. Smith.

★　きみの英語の先生はだれなの？
1　1月14日よ。
2　ううん、それは私のよ。
3　Smith 先生よ。

解説　Who is ～ ? は「～はだれですか？」という意味なので、【人】を答えている 3 が正解です。Who で始まる質問には、Yes や No では答えられません。

No. 2　答え　2

★ How many students are in your club?
1　You're welcome.
2　Fifteen.
3　It's windy.

★　きみのクラブには何人生徒がいるの？
1　どういたしまして。
2　15人よ。
3　風がふいているよ。

解説　How many ～ ? は【数】をたずねるときに使う表現です。1 の You're welcome. は Thank you. と言われたときに言うあいさつです。天気の話をしている 3 は合いません。

No. 3 答え **1**

★ Where is your textbook, Karen?
　1　It's on my desk.
　2　At the restaurant.
　3　I'm from Australia.

★　あなたの教科書はどこにありますか、
　　Karen？
　1　私のつくえの上です。
　2　レストランです。
　3　私はオーストラリア出身です。

解説　Where ～? は【場所】をたずねる表現です。3 の Australia も場所を表しますが、この会話の場面に合いません。

No. 4 答え **3**

★ Don't talk in class, Karen!
　1　He plays volleyball.
　2　Here you are.
　3　Sorry, Mr. Smith.

★　授業中に話さないで、Karen！
　1　彼はバレーボールをします。
　2　どうぞ。
　3　すみません、Smith 先生。

解説　Don't ～. は、「～しないで。」という意味の表現です。注意されて謝っている 3 が正解です。1 はスポーツの話をしているので、合いません。2 はものをわたすときの表現です。

No. 5 答え **2**

☆ Whose textbook is this?
　1　I like sports.
　2　It's George's.
　3　It's one hundred meters.

☆　これはだれの教科書ですか？
　1　ぼくはスポーツが好きです。
　2　George のです。
　3　100 メートルです。

解説　Whose ～? は「だれの～？」という意味の質問なので、人の名前を答えましょう。3 は、長さを聞かれたときに言うセリフなので、この場面に合いません。

(1) 答え **1**

A: どうやって学校に行きますか、Karen？
B: 電車です。

1　どう　　　　2　いつ
3　だれの　　　　4　どの

解説 交通手段をたずねるときは、How
　　 ～？を使います。

(2) 答え **1**

Smith 先生は私の学校で英語を教えていま
す。

1　教える　　　　2　料理する
3　見る　　　　　　4　出発する

解説 学校ですることで、English「英語」
　　 につながるのは１の「教える」だけ
　　 です。

(3) 答え **3**

A: あの男の人はだれですか？
B: 彼は私の先生です。

1　レストラン　　2　家

3　先生　　　　　4　バス停

解説 Who is that man? と「あの男の人」
　　 についてたずねていることがわかり
　　 ます。選択肢の中で、【人】を表すの
　　 は teacher だけです。

(4) 答え **3**

A: こんにちは、Shizuka です。新入生です。
B: はじめまして。うちの学校へようこそ！

1　～の
2　～で

3　(Nice to meet you. で) はじめまして
4　～の上に

解説 Nice to meet you. は「はじめまし
　　 て。」という意味のあいさつです。使
　　 えるようになっておきましょう。

(5) 答え **1**

A: Mike、学校には何が必要なの？
B: 新しいペン数本と何さつかのノートが必
　　 要だよ、お母さん。

1　（主語が I、you、we、they などのとき）
2　（主語が he、she、it などのとき）
3　（主語が you、we、they などのとき）
4　（主語が he、she、it などのとき）

解説 「何が必要ですか？」と相手にたずねて
　　 いるので、What do you need ～？
　　 とつなげるのが正解です。

(6) 答え **1**

A: さようなら、Smith 先生。
B: さようなら、Karen。よい週末を！

1　すてきな　　2　清潔な
3　古い　　　　　4　若い

解説 Have a nice weekend! は週末に入
　　 る前に言う別れのあいさつです。

(7) 答え **1**

私は新しい歴史の先生が好きです。彼女は
沖縄出身です。

1　～から　　　2　～の上に
3　～の　　　　　4　～で

解説 She comes from Okinawa. は
　　 She is from Okinawa. と同じ意味
　　 で、「彼女は沖縄出身です。」という
　　 意味を表します。

(8) 答え **4**

A: こんにちは、Smith 先生。
B: こんにちは、Karen。どうぞすわってくだ
　　 さい。

1　読む　　　　　2　見る
3　開ける　　　　**4　(sit down で) すわる**

解説 教室での会話です。先生は Karen
　　 にあいさつしてから「すわってくだ
　　 さい」と言います。

Unit 5　ミニ模試 （問題は本冊の p. 54 ～ p. 55）

（問題は本冊の p. 54 ～ p. 55）

答え

	No. 1	*No. 2*	*No. 3*	*No. 4*	*No. 5*
問題1	**1**	**3**	**2**	**3**	**1**

	(1)	*(2)*	*(3)*	*(4)*	*(5)*	*(6)*	*(7)*	*(8)*
問題2	**4**	**2**	**2**	**4**	**4**	**1**	**3**	**1**

問題1

No. 1　答え　**1**

> ☆ Are you a good tennis player, George?
> ★ No, but my brother is.
> Question: Who is the good tennis player?

> ☆ あなたはテニスが上手なの、George？
> ★ ううん、でもぼくのお兄ちゃんは上手だよ。
> 質問：テニスが上手なのはだれですか？

選択肢の訳　**1　George の兄（弟）。**　　2　George の姉（妹）。
　　　　　　3　女の子の兄（弟）。　　4　女の子の姉（妹）。

解説　but my brother is のあとに、a good tennis player が省略されています。a good tennis player は、「いいテニス選手」という意味ですが、プロの選手だけでなく、「テニスが上手な人」の意味でも使われます。

No. 2　答え　**3**

> ☆ How long do you play basketball every day, Leo?
> ★ For two hours.
> Question: How long does Leo play basketball every day?

> ☆ 毎日どのくらいバスケットボールをするの、Leo？
> ★ 2 時間だよ。
> 質問：Leo は毎日どのくらいバスケットボールをしますか？

選択肢の訳　1　30 分間。　　2　1 時間。
　　　　　　3　2 時間。　　4　3 時間。

解説　選択肢を見ると、時間の長さを答える問題だとわかります。数字に注意して聞き取りましょう。

No. 3 答え **2**

☆ Do your sisters like sports?
★ Yes. Haruka likes volleyball, and
　 Shizuka likes tennis and basketball.
Question: What sport does Haruka like?

☆　あなたの姉妹はスポーツが好き？
★　うん。Haruka はバレーボールが好き
　　で、Shizuka はテニスとバスケット
　　ボールが好きだよ。
質問：Haruka は何のスポーツが好きですか？

選択肢の訳　　1　テニス。　　　　　　　　**2　バレーボール。**
　　　　　　　3　バスケットボール。　　　4　ソフトボール。

解説　Haruka と Shizuka、どちらの話をしているのかをよく聞きましょう。Shizuka の好きなス
　　ポーツ (テニスとバスケットボール) とまちがえないようにしましょう。

No. 4 答え **3**

★ Karen, do you like baseball?
☆ No, I don't, Leo. But my brother does.
Question: Who likes baseball?

★　Karen、野球は好き？
☆　ううん、Leo。でも私の弟は好きだよ。
質問：野球が好きなのはだれですか？

選択肢の訳　　1　Leo の弟 (兄)。　　　　　2　Leo の妹 (姉)。
　　　　　　　3　Karen の弟 (兄)。　　　4　Karen の妹 (姉)。

解説　does は likes baseball の代わりに使われています。

No. 5 答え **1**

★ Can we play soccer?
☆ No, it's cold outside. Let's watch DVDs!
Question: How's the weather?

★　サッカーをしない？
☆　ううん、外は寒いよ。DVD を見よう！
質問：天気はどうですか？

選択肢の訳　　**1　寒い。**　　　　　　　　2　暑い。
　　　　　　　3　くもっている。　　　　　4　風がふいている。

解説　Can we ～? は「(私たちは) ～できますか？」という意味で、人をさそうときにも使います。
　　女の子はさそいを断っていて、その理由として it's cold outside「外は寒い」と言っています。

(1) 答え **4**

A: あなたはバスケットボールをしますか、Leo？

B: はい、します。これがぼくのボールです。

1　鳥　　　　　2　箱
3　チーム　　　**4　バスケットボール**

解説　この中で、play に続くのは basketball だけです。また、B さんのセリフに ball が出てくるので、ボールを使ったスポーツだとわかります。

(2) 答え **2**

Haruka は毎週末友達とバレーボールをします。

1　彼女は　　　**2　彼女の**
3　彼女のもの　4　彼女自身

解説　「彼女の」を表すのは her です。

(3) 答え **2**

A: これは Mike の野球グローブかな？

B: うん、それは彼のものだね。

1　彼は　　　　**2　彼のもの、彼の**
3　彼を　　　　4　彼自身

解説　「彼のもの」を表すのは his です。「彼の〜」と言う場合も his 〜 で表します。どちらも his を使って表すので注意しましょう。

(4) 答え **4**

ぼくはよく公園に行って、そこでサッカーをします。

1　切る　　　　　2　料理する
3　開ける　　　　**4　（スポーツを）する**

解説　（　　）の後ろに soccer があるので、「(スポーツを) する」という意味の play が正解です。

(5) 答え **4**

A: 今日の野球の試合のチケットを何枚か持っているの。あなたは来られるかな、Leo？

B: もちろん。ありがとう！

1　（主語が you、we、they などのとき）
2　（主語が he、she、it などのとき）
3　（主語が he、she、it などのとき）
4　できる

解説　Can you 〜？で「あなたは〜できますか？」という意味です。人をさそうときにも使える表現です。

(6) 答え **1**

冬になると、私は家族と山でスキーをします。

1　〜といっしょに　2　〜の上で
3　〜について　　　　4　〜で

解説　「〜といっしょに」という意味を表す with を入れると、自然につながります。

(7) 答え **3**

夏になると、私は学校のプールによく泳ぎに行きます。

1　ドア　　　　　2　教室
3　プール　　　4　物語

解説　go swimming とあるので、泳ぐことができる【場所】を選びます。この場合は pool「プール」が正解です。

(8) 答え **1**

A: ぼくはよくバレーボールをするよ。きみはどう、Haruka？

B: 私もするよ。

1　どう　　　　2　何
3　なぜ　　　　　4　どこ

解説　How about 〜？で、「〜はどうですか？」という意味を表します。

答え

 問題1

	No. 1	No. 2	No. 3	No. 4	No. 5
	3	**3**	**1**	**1**	**1**

問題2

(1)	(2)	(3)	(4)	(5)	(6)	(7)	(8)
4	**1**	**3**	**4**	**2**	**4**	**3**	**4**

問題1

No. 1 答え **3**

1 Karen is reading a newspaper.	1　Karenは新聞を読んでいます。
2 Karen is writing a letter.	2　Karenは手紙を書いています。
3 Karen is taking a picture.	**3　Karenは写真を撮っています。**

解説　先にイラストを見て、どんな文が聞こえてくるかを予想しましょう。イラストでは女の子がスマートフォンで写真を撮っています。3が正解です。

No. 2 答え **3**

1 Mike has a lot of animals.	1　Mikeは動物をたくさん飼っています。
2 Mike has a lot of flowers.	2　Mikeは花をたくさん持っています。
3 Mike has a lot of books.	**3　Mikeは本をたくさん持っています。**

解説　Mike has a lot of までは3つとも同じ文なので、最後の単語をよく聞き取りましょう。イラストの男の子は本を持っていますから、3が正解です。

No. 3 答え **1**

1 Mike wants a new computer.	**1 Mike は新しいコンピューターをほしがっています。**
2 Mike wants a new bike.	2 Mike は新しい自転車をほしがっています。
3 Mike wants a new desk.	3 Mike は新しいつくえをほしがっています。

解説 want は「ほしい」という意味です。イラストを見ると、コンピューターが描いてあるので 1 を選びましょう。

No. 4 答え **1**

1 The girls are watching TV.	**1 女の子たちはテレビを見ています。**
2 The girls are playing tennis.	2 女の子たちはテニスをしています。
3 The girls are running together.	3 女の子たちはいっしょに走っています。

解説 イラストの女の子 2 人が何をしているかに注目します。2 人はテレビを見ているので、1 が正解です。

No. 5 答え **1**

1 Karen and Mike are looking at a giraffe.	**1 Karen と Mike はキリンを見ています。**
2 Karen and Mike are looking at an elephant.	2 Karen と Mike はゾウを見ています。
3 Karen and Mike are looking at a lion.	3 Karen と Mike はライオンを見ています。

解説 イラストの動物に注目します。動物の名前を覚えておきましょう。もし giraffe「キリン」を知らなくても、elephant「ゾウ」と lion「ライオン」がイラストと合わないとわかれば、1 が正解だとわかります。

(1) 答え **4**

A: 英語は好きですか？
B: はい、もちろんです。
1　料理する　　2　来る
3　飲む　　　**4　好きだ**

解説 選択肢の中で、English につながるのは like だけです。

(2) 答え **1**

A: 野菜は好きかな、Karen？
B: うん。じゃがいもが好きよ。
1　野菜　　　　2　テーブル
3　教室　　　　4　公園

解説 B さんのセリフの potatoes「じゃがいも」から、野菜の話をしているとわかります。

(3) 答え **3**

A: きみの T シャツはかわいらしいね。気に入ったよ。
B: ありがとう。
1　速い　　　　2　高い
3　かわいらしい 4　（スピードが）おそい

解説 この中で、T シャツの説明に合うのは pretty だけです。I like it. は「私はそれが好きです。」という意味ですが、何かに対して「いいね。」というニュアンスでも使います。

(4) 答え **4**

ぼくの姉はバレーボールが好きです。でもぼくは好きではありません。
1　彼を　　　　2　彼女を
3　彼らを　　　**4　それを**

解説 volleyball の話をしているので、「それ」を表す it を選びます。ほかの選択肢は、すべて【人】を表しますから、ここでは使えません。

(5) 答え **2**

A: 何色が好き？
B: 私は黄色が好きだよ。
1　どう　　　　**2　何**
3　だれ　　　　4　どこ

解説 好きな色をたずねるときは、What color do you like? を使います。

(6) 答え **4**

A: あなたは毎日コンピューターゲームをしますか？
B: いいえ、週末だけです。
1　たくさんの量の
2　〜もまた
3　たくさんの数の
4　毎〜、それぞれの

解説 every day で「毎日」を表します。

(7) 答え **3**

A: Mike、ピノッキオの物語を知っていますか？
B: はい、もちろん。大好きです。
1　洗う　　　　2　泣く
3　知っている　4　開ける

解説 know 〜 は「〜を知っている」という意味です。

(8) 答え **4**

A: 何かペットを飼っていますか？
B: はい、3 びき飼っています。犬が 1 ぴきと鳥が 2 羽です。
1　（主語が you、we、they などのとき）
2　（主語が he、she、it などのとき）
3　（主語が he、she、it などのとき）
4　（主語が I、you、we、they などのとき）

解説 「（ペットを）飼っている」は have を使います。

答え

問題1

No. 1	*No. 2*	*No. 3*	*No. 4*	*No. 5*
2	**3**	**1**	**3**	**2**

問題2

(1)	*(2)*	*(3)*	*(4)*	*(5)*	*(6)*	*(7)*	*(8)*
1	**3**	**1**	**1**	**2**	**2**	**2**	**1**

問題1

No. 1 答え **2**

★ What's your name?
1　Yes, I do.
2　It's Olivia.
3　Of course.

★　お名前は何ですか？
1　はい、します。
2　Olivia です。
3　もちろんです。

解説　What's your name? は名前をたずねるときに使います。What ～? で始まる質問には Yes
や No では答えられません。

No. 2 答え **3**

☆ Does your sister speak English?
1　History class.
2　On the sofa.
3　Yes, she does.

☆　あなたのお姉さんは英語を話しますか？
1　歴史の授業です。
2　ソファーの上です。
3　はい、話します。

解説　Does ～? で始まる質問には、Yes か No で答えましょう。your sister「あなたのお姉さん」
のことを聞いているので、質問の文は Do ではなくて Does で始まります。

No. 3 答え **1**

★ What are you doing?	★ 何をしているの？
1 I'm reading.	**1 本を読んでいるの。**
2 No, I have tea.	2 ううん、お茶を飲むよ。
3 Every Monday.	3 毎週月曜日だよ。

解説 What are you doing? という質問には、I'm ~ing. を使って答えましょう。What で始まる質問には Yes や No では答えられないので、2 は合いません。

No. 4 答え **3**

☆ My birthday is July twenty-first.	☆ 私の誕生日は 7 月 21 日よ。
1 I'm ten years old.	1 ぼくは 10 歳だよ。
2 At school.	2 学校でだよ。
3 Mine is March tenth.	**3 ぼくの誕生日は 3 月 10 日だよ。**

解説 birthday が聞き取れたら、誕生日の話をしているとわかります。この問題では、mine は my birthday を表しています。同じように数字が出てくる 1 を選ばないよう注意しましょう。

No. 5 答え **2**

★ Are you a student?	★ あなたは学生ですか？
1 He is an English teacher.	1 彼は英語の先生です。
2 Yes, I am.	**2 はい、そうです。**
3 Nice to meet you.	3 はじめまして。

解説 Are you ~? で始まる質問には、Yes か No で答えましょう。1 は、質問が Are you ~? であるのに He is で答えているので、合いません。3 は初対面の人に使う「はじめまして」のあいさつです。

(1) 答え **1**

A: 今日の何時にきみの誕生日会は始まるの？

B: 3 時に始まるよ。

1　時間　　　　2　日

3　食べ物　　　　4　花

解説 B さんのセリフから、A さんは時刻をたずねているとわかります。

(2) 答え **3**

A: きみは Evans 先生を知っている？

B: うん、知っているよ。

1　私は　　　　　2　あなたは (を)

3　彼女を　　　4　彼らを

解説 Ms. ～ は、「～さん、～先生」という意味で、女性に使います。男性には Mr. を使います。

(3) 答え **1**

A: 友達に E メールを書くの、Karen？

B: うん、書くよ。

1　友達　　　　2　手

3　グラム　　　　4　映画

解説 メールを書く相手なので、【もの】ではなく【人】を選びましょう。

(4) 答え **1**

この誕生日カードは友達のためのものです。彼の名前は George です。

1　名前　　　　2　本

3　ドア　　　　　4　教室

解説 1 つ目の文の my friend について具体的に話しているのが 2 つ目の文です。

(5) 答え **2**

A: 手紙を書いているの、Mike？

B: ううん、勉強しているよ。

1　教えている　　**2　書いている**

3　ねむっている　4　会っている

解説 (　　) の後ろに a letter「手紙」が続いているので、write a letter というつながりだとわかります。

(6) 答え **2**

この手紙は文通友達からです。彼の名前は Timothy です。

1　彼が　　　　　**2　彼の**

3　彼を　　　　　4　彼らの

解説 選択肢の中で「～の」を表すのは His と Their です。pen pal「文通友達」が 1 人なので、His を選びましょう。

(7) 答え **2**

A: こんにちは、Leo。調子はどう？

B: 元気だよ、ありがとう。

1　だれの　　　　**2　どう**

3　だれ　　　　　4　どの

解説 How are you doing? は「調子はどうですか？」「元気ですか？」という意味のあいさつで、よく使われます。

(8) 答え **1**

わが家へようこそ、Erin。どうぞ入って。

1　～へ　　　　2　～について

3　上へ　　　　　4　～の下に

解説 Welcome to ~. で「～へようこそ。」という意味です。

Unit 8　ミニ模試　(問題は本冊の p. 78 〜 p. 79)

答え

問題1

No. 1	No. 2	No. 3	No. 4	No. 5
2	1	4	4	2

問題2

(1)	(2)	(3)	(4)	(5)	(6)	(7)	(8)
1	3	3	1	4	2	4	2

問題1

No. 1　答え　2

☆ Can I have some orange juice, please?
★ Of course. Here you are.
Question: What does the girl want?

☆　オレンジジュースをもらえますか？
★　もちろん。どうぞ。
質問：女の子は何をほしがっていますか？

選択肢の訳　　1　サラダ。　　**2　ジュース。**
　　　　　　　3　コーヒー。　　4　砂糖。

解説　最初に orange juice と言っています。Can I have 〜？はお店で店員に対して注文するときによく使います。

No. 2　答え　1

★ How much is this chocolate?
☆ Three dollars.
Question: How much is the chocolate?

★　このチョコレートはいくらですか？
☆　3 ドルです。
質問：チョコレートはいくらですか？

選択肢の訳　　**1　3 ドル。**　　2　13 ドル。
　　　　　　　3　30 ドル。　　4　130 ドル。

解説　How much 〜？は値段をたずねる表現です。選択肢の数字を見て、発音がすぐに思いうかぶようにくり返し練習しましょう。

No. 3 答え **4**

☆ Which shirt do you like, the white one or the brown one?

★ The brown one.

Question: Which shirt does the boy like?

☆ どちらのシャツが好きですか、白いのですか、茶色いのですか？

★ 茶色いのです。

質問：男の子はどのシャツが好きですか？

選択肢の訳　1　白いの。　　　　2　青いの。

3　赤いの。　　**4　茶色いの。**

解説　the white one、the brown one の one は shirt を表します。shirt は日本語の「シャツ」と少し発音がちがうので注意しましょう。

No. 4 答え **4**

☆ Hi, I want some cheese cake, please.

★ That's three dollars and fifty cents.

Question: How much is the cheese cake?

☆ こんにちは、チーズケーキをください。

★ 3 ドル 50 セントです。

質問：チーズケーキはいくらですか？

選択肢の訳　1　3 ドル。　　　　2　3 ドル 5 セント。

3　3 ドル 15 セント。　　**4　3 ドル 50 セント。**

解説　15 と 50 の発音が似ているので、注意して聞きましょう。お金の単位を覚えておくとよいです。小数点より右側は cent「セント」といって、100 セントで 1 ドルです。

No. 5 答え **2**

★ Excuse me, I'd like to buy a toy for my granddaughter.

☆ Well, this one is popular.

Question: What does the man want to buy?

★ すみません、孫娘（まごむすめ）におもちゃを 1 つ買いたいのですが。

☆ そうですね、このおもちゃが人気です。

質問：男性は何を買いたがっていますか？

選択肢の訳　1　本。　　　　**2　おもちゃ。**

3　ケーキ。　　　4　ゲーム。

解説　I'd like to ~ は want to ~ と同じように「～したい」という意味を表します。孫（まご）のためにおもちゃを買いにきたおじいさんに、店員が人気のおもちゃをすすめている場面です。

(1) 答え **1**

私のぼうしはとても古いです。新しいのが
ほしいです。

1 新しい　　　2　（スピードが）おそい
3　正しい　　　4　いそがしい

解説 old「古い」の反対は new「新しい」
です。2つ目の文の one は hat の
代わりに使われています。

(2) 答え **3**

A: すみません、この本はいくらですか？
B: 900円です。
1　たくさんの数の
2　長い
3　(how much で) いくらですか
4　古い

解説 How much ～？で値段をたずねる
ことができます。

(3) 答え **3**

A: Mike、誕生日に何がほしい？
B: 新しい自転車！
1　上へ　　　　2　～をこえて
3　～のために　4　～から

解説 for your birthday で「あなたの誕
生日のために」です。誕生日プレゼ
ントは何がいいかをたずねる文で
す。

(4) 答え **1**

A: スーパーマーケットに買い物に行こう
　　よ、Karen！
B: いいよ。
1　買い物　　　2　つり
3　見ること　　4　聞くこと

解説 スーパーマーケットですることが何
かを考えます。shopping「買い物」
が正解です。

(5) 答え **4**

A: きみの新しい電話は何色なの？
B: 白だよ。
1　スポーツ　　　2　勉強
3　食べ物　　　**4　白**

解説 What color ～？と色を聞かれてい
るので、色の名前を答えましょう。

(6) 答え **2**

A: 今日買い物に行けるかな、お父さん？
B: もちろん。
1　（主語が he、she、it などのとき）
2　できる
3　（主語が you、we、they などのとき）
4　（主語が he、she、it などのとき）

解説 Can we ～？で「（私たちは）～でき
ますか？」という意味です。人をさ
そうときにも使える表現です。

(7) 答え **4**

A: お誕生日おめでとう。これらのお花をど
　　うぞ。
B: ありがとう。とてもきれいね！
1　それらを　　　2　それは
3　それらは　　**4　これらの**

解説 選択肢の中で、flowers の前に使え
るのは These だけです。

(8) 答え **2**

A: ふだんスーパーマーケットには歩いて行
　　くの、Mike？
B: ううん、バスで行くよ。
1　～で　　　　**2　～で**
3　～のために　4　～をこえて

解説 by は by bus「バスで」のように、【手
段】を表すときに使います。

Unit 9　ミニ模試 （問題は本冊の p. 86 〜 p. 87）

答え

問題1

	No. 1	No. 2	No. 3	No. 4	No. 5
	3	1	1	3	1

問題2

(1)	(2)	(3)	(4)	(5)	(6)	(7)	(8)
4	2	2	1	1	4	4	3

問題1

No. 1　答え　3

1　Mike plays basketball.
2　Mike plays volleyball.
3　Mike plays baseball.

1　Mike はバスケットボールをします。
2　Mike はバレーボールをします。
3　Mike は野球をします。

解説　イラストの男の子は野球をしているので、3 が正解です。スポーツの名前は英検でよく出題されますから、しっかり覚えましょう。

No. 2　答え　1

1　Karen's lesson is at five today.
2　Karen's lesson is at five-fifteen today.
3　Karen's lesson is at five-fifty today.

1　Karen のレッスンは今日の 5：00 からです。
2　Karen のレッスンは今日の 5：15 からです。
3　Karen のレッスンは今日の 5：50 からです。

解説　時刻の言い方に注意しましょう。5 時ちょうどのときは five (o'clock) と発音します。2 は five-fifteen、3 は five-fifty です。まず【時間】を表す数字、続けて【分】を表す数字を言います。

26

No. 3 答え **1**

1 George has his guitar lessons on Tuesdays.
2 George has his flute lessons on Tuesdays.
3 George has his piano lessons on Tuesdays.

1 George は毎週火曜日にギターのレッスンがあります。
2 George は毎週火曜日にフルートのレッスンがあります。
3 George は毎週火曜日にピアノのレッスンがあります。

解説　男の子が持っている楽器に注目しましょう。ギターを持っているので、1が正解です。guitar のアクセントの位置に注意しましょう。

No. 4 答え **3**

1 Karen has her dance lessons every Wednesday.
2 Karen has her English lessons every Wednesday.
3 Karen has her violin lessons every Wednesday.

1 Karen は毎週水曜日にダンスのレッスンがあります。
2 Karen は毎週水曜日に英語のレッスンがあります。
3 Karen は毎週水曜日にバイオリンのレッスンがあります。

解説　女の子はバイオリンを持っているので、3が正解です。violin の発音は、日本語の「バイオリン」と少しちがうので、注意が必要です。

No. 5 答え **1**

1 Mike has soccer practice.
2 Mike has tennis practice.
3 Mike has baseball practice.

1 Mike はサッカーの練習があります。
2 Mike はテニスの練習があります。
3 Mike は野球の練習があります。

解説　イラストの男の子はサッカーをしているので、1が正解です。practice は、soccer practice「サッカーの練習」のほかに、I practice soccer.「私はサッカーを練習します。」のようにも使うことができます。

(1)　答え　4

A: 放課後テニスをしようよ、Karen！

B: ごめんね。今日はいそがしいの。

1　必要とする　　2　開ける

3　書く　　　　**4　（スポーツを）する**

解説 A さんが Let's～！「～しようよ！」と言っていて、それに対して B さんが断っている場面です。

(2)　答え　2

A: バレーボールの試合はいつなの？

B: 来週だよ。

1　どう　　　　　**2　いつ**

3　なぜ　　　　　4　だれ

解説 B さんが「来週だよ」と答えているので、バレーボールの試合がいつなのかをたずねているとわかります。

(3)　答え　2

A: ラケットを何本持っているの、Shizuka？

B: 3 本よ。

1　（主語が he、she、it などのとき）

2　（主語が I、you、we、they などのとき）

3　（主語が he、she、it などのとき）

4　（主語が I、you、we、they などのとき）

解説 話している相手 (Shizuka) に対して質問しているので、do you have とつなげます。

(4)　答え　1

A: バスケットボールが好きなの、Leo？

B: うん、ぼくはバスケットボール部に入っているよ。

1　（主語が I のとき）

2　（主語が you、we、they などのとき）

3　（主語が he、she、it などのとき）

4　（主語が he、she、it などのとき）

解説 in the～club で、「～部に入っている」という意味です。I に続くので am が正解です。

(5)　答え　1

A: ピアノを弾くの、Erin？

B: うん、弾くよ。毎日練習しているの。

1　練習する　　2　料理する

3　住んでいる　　4　運ぶ

解説 1 の practice「練習する」を入れれば、「私はそれ (ピアノ) を毎日練習します」という文になり、自然につながります。

(6)　答え　4

Shizuka はテニスが上手です。彼女は毎週末テニスをします。

1　正しい

2　新しい

3　冷たい

4　(be good at～で)　～が得意だ

解説 be good at～で「～が得意だ」という意味を表します。

(7)　答え　4

A: あなたの学校にプールはあるの、George？

B: うん。ぼくは泳ぐのが好きなんだ。

1　～について　　2　～の下に

3　～の前に　　　**4　～に**

解説 学校にプールがあるかどうかを聞いていると推測できるので、【場所】を表す at を入れるのが正解です。

(8)　答え　3

A: 今日はダンスのレッスンがあるの。明日の朝公園に行くのはどうかな？

B: 大丈夫だよ！

1　大きい　　　　2　かわいい

3　よい、元気な　4　寒い

解説 A さんのさそいに対する B さんの答えなので、That's fine.「大丈夫だよ。」が正解です。

答え

	No. 1	No. 2	No. 3	No. 4	No. 5
	3	3	1	2	2

(1)	(2)	(3)	(4)	(5)	(6)	(7)	(8)
1	3	2	4	1	3	4	4

問題1

No. 1　答え　3

★ Can I have some cake, Mom?
1　Yes, I do.
2　Yes, they are.
3　Yes, you can.

★　ケーキをもらってもいい、お母さん？
1　ええ、私はするよ。
2　ええ、彼らはそうよ。
3　ええ、いいわよ。

解説　Can I ~ ? は「〜してもいいですか？」と許可を求めるときに使う表現です。いいときは Yes, you can. や Sure. などを使い、断るときは Sorry, you can't. などと答えます。

No. 2　答え　3

★ Do you want some pizza?
1　It's Sunday.
2　I like school.
3　No, thank you.

★　ピザがほしい？
1　晴れているよ。
2　私は学校が好き。
3　ううん、ありがとう。

解説　Do you want ~ ? は「〜がほしいですか？」「〜はいかがですか？」とものをすすめるときの表現です。ほしいときは Yes, please. などを使い、断るときは No, thank you. などを使います。

No. 3 答え **1**

☆ What do you want for lunch?
  1 Curry and rice, please!
  2 In March.
  3 I like winter.

☆　昼食に何がほしい？
  1　カレーライスでお願い！
  2　3月だよ。
  3　ぼくは冬が好き。

解説　for lunch と言っているので、昼食の話をしているとわかります。2 は月の名前、3 は季節を答えているので合いません。

No. 4 答え **2**

★ I want a cup of coffee, please.
  1 It's my sister's.
  2 That's two dollars and fifty cents.
  3 On the chair.

★　コーヒーを1ぱいお願いします。
  1　それは私の妹のものです。
  2　2ドル50セントです。
  3　いすの上です。

解説　お店で注文している場面です。お客の注文に対して、値段を答えている 2 が正解です。お金の言い方にも慣れましょう。

No. 5 答え **2**

★ Let's eat dinner at that restaurant.
  1 Here you are.
  2 That's a good idea.
  3 I don't have it.

★　あのレストランで夕食を食べよう。
  1　どうぞ。
  2　いい考えね。
  3　私はそれを持っていないよ。

解説　Let's ~. は人をさそうときの言い方です。さそわれたときの返事として自然なのは 2 の That's a good idea. です。1 の Here you are. は、ものをわたすときなどに使います。

(1) 答え **1**

A: お茶をどうですか？

B: いいえ、ありがとう。水だけをお願いします。

1 **ほしい**　　　2　ねむる
3　勉強する　　　4　料理する

解説「～はどうですか？」を表すのは Do you want ~ ? のほかに、Would you like ~ ? もよく使います。

(2) 答え **3**

毎週日曜日は夕食を作りません。いつも家族といっしょにレストランへ行きます。

1　手紙　　　　2　本
3 **レストラン**　4　時計

解説 go to ~「～へ行く」の後ろに続くので、【場所】の名前が入ります。

(3) 答え **2**

A: 朝食にご飯を食べる、Mike ？

B: いや、卵とトーストを食べるよ。

1　置く　　　　　2 **食べる**
3　住んでいる　　4　行く

解説 rice、breakfast などの単語から、食事の話をしているとわかります。B さんの答え I have eggs and toast. は、「私は卵とトーストを食べます。」という意味です。

(4) 答え **4**

A: 昼食に何を作っているの？

B: サンドイッチをいくつか。

1　作る (基本の形)
2　作る (主語が he、she、it などのとき)
3　作るため
4 **作っている**

解説 4 を入れると、What are you making for lunch? となり、今何を作っているのかをたずねることができます。

(5) 答え **1**

A: 昼食ではふだん何を飲むの、Karen ？

B: オレンジジュースよ。

1 **～といっしょに**　2　～の上に
3　～の下に　　　　　4　下へ

解説 with lunch で「昼食では」という意味になります。

(6) 答え **3**

A: アイスクリームを買おうよ！

B: いい考えね。今日はとても暑いよね。

1　かわいい　　2　速い
3 **暑い**　　　　4　低い

解説 アイスクリームを買うという提案に同意しているので、3 の「暑い」を入れると自然です。

(7) 答え **4**

A: もう少しとり肉がほしい？

B: いや、ありがとう。お腹がいっぱいだよ。

1　(主語が you、we、they などのとき)
2　(主語が he、she、it などのとき)
3　(主語が he、she、it などのとき)
4 **(主語が I、you、we、they などのとき)**

解説 Do you want ~ ? は「～はどうですか？」という意味で、相手に何かをすすめるときに使います。

(8) 答え **4**

A: お茶を 1 ぱいどうですか？

B: はい、お願いします。

1　ページ　　　2　国
3　チョーク　　4 **カップ**

解説 カップに入れて飲む飲み物は、a cup of ~、two cups of ~ のように cup を使って数えます。

Unit 11　ミニ模試　（問題は本冊の p. 102 〜 p. 103）

答え

問題1

No. 1	*No. 2*	*No. 3*	*No. 4*	*No. 5*
3	4	2	1	3

問題2

(1)	*(2)*	*(3)*	*(4)*	*(5)*	*(6)*	*(7)*	*(8)*
2	4	2	1	4	4	1	4

問題1

No. 1　答え　3

★ When is your history test, Karen?	★　歴史のテストはいつかな、Karen？
☆ Tomorrow morning.	☆　明日の朝よ。
Question: When is Karen's history test?	質問：Karen の歴史のテストはいつですか？

選択肢の訳　　1　今日の朝。　　　　　　2　今日の午後。
　　　　　　　3　明日の朝。　　　　　4　明日の午後。

解説　【時】を表す単語を覚えましょう。today「今日」、tomorrow「明日」、morning「朝」、afternoon「午後」、evening「夕方」、night「夜」です。

No. 2　答え　4

☆ Do you watch TV at night, Leo?	☆　夜にテレビを見るの、Leo？
★ No, I don't. I do my homework.	★　うぅん、見ないよ。宿題をするよ。
Question: What does Leo do at night?	質問：Leo は夜に何をしますか？

選択肢の訳　　1　テレビを見ます。　　　2　テニスをします。
　　　　　　　3　本を読みます。　　　　**4　宿題をします。**

解説　I do my homework. と言っているので、4 が正解です。女の子のセリフの中の watch TV「テレビを見る」を選ばないように気をつけましょう。

No. 3 答え 2

★ Do you like English, Karen?
☆ No, I don't. I like science.
Question: What subject does Karen like?

★　英語は好きなの、Karen？
☆　ううん、好きじゃないの。理科が好き
　　よ。
質問：Karen は何の教科が好きですか？

選択肢の訳　1　算数。　　　　　**2　理科。**
　　　　　　　 3　英語。　　　　　 4　歴史。

解説　男の子のセリフに出てくる English「英語」を選ばないように注意しましょう。

No. 4 答え 1

☆ Mike, are you doing your homework?
★ No, Mom. I'm reading a comic book.
Question: What is Mike doing?

☆　Mike、宿題をしているの？
★　ううん、お母さん。マンガを読んでいる
　　よ。
質問：マイクは何をしていますか？

選択肢の訳　**1　マンガを読んでいます。**　　2　朝食を作っています。
　　　　　　　 3　サッカーをしています。　　4　食べ物を買っています。

解説　男の子が I'm reading a comic book.「マンガを読んでいます。」と言っているので、1 が正
解です。ほかの選択肢の内容は会話に出てきません。

No. 5 答え 3

★ How many tests do you have today,
　 Karen?
☆ I have four.
Question: How many tests does Karen
　　　　　 have?

★　今日はいくつテストがあるの、Karen？
☆　4つあるよ。
質問：Karen はいくつテストがありますか？

選択肢の訳　1　2つ。　　　　　 2　3つ。
　　　　　　　 3　4つ。　　　　　 4　5つ。

解説　選択肢がすべて数字なので、数字に注目して聞きましょう。

(1) 答え **2**

A: いつあなたは宿題をするの、Mike？
B: 夕食の前に。夕食の後は、テレビを見るよ。

1　どこ　　　　**2　いつ**
3　だれ　　　　4　だれの

解説 B さんの Before dinner. というセリフから、A さんは時間をたずねているのだとわかります。

(2) 答え **4**

自分の部屋に行って宿題をしなさい！

1　読む　　　　2　ほしい
3　始める　　　**4　行く**

解説 go to ～ で「～へ行く」です。主語がなく、動詞で始まる文は、「～しなさい」のように【命令】を表します。

(3) 答え **2**

A: 英語のテストはどれくらいの長さですか？
B: 50 分です。

1　かわいらしい　**2　長い**
3　古い　　　　4　小さい

解説 How long ～？で長さをたずねることができます。この問題では時間の長さをたずねています。

(4) 答え **1**

今日の算数の授業を始めましょう。教科書の 30 ページを開いてください。

1　教科書　　2　テニス
3　パン　　　　4　氷

解説 open は「開ける、開く」という意味です。「算数の授業を始めましょう」という文から続くので、1 の textbooks「教科書」を入れると自然につながります。

(5) 答え **4**

Karen は彼女のつくえで宿題をしています。

1　（主語が I、you、we、they などのとき）
2　（主語が he、she、it などのとき）
3　（主語が you、we、they などのとき）
4　している

解説 doing を入れると、Karen が宿題をしているところだということを表します。

(6) 答え **4**

A: あなたの歴史の教科書はどこにありますか、Mike？
B: 今は持っていません。家にあります。

1　～の上に　　2　～をこえて
3　～について　**4　～に**

解説 【場所】を表す at を選びましょう。

(7) 答え **1**

A: Erin は今年あなたのクラスにいるの？
B: うん、いるよ。ぼくはうれしいよ。

1　うれしい　2　高い
3　くもっている　4　速い

解説 1 の happy「うれしい」を入れると、友達と同じクラスでうれしいという意味になり、自然です。

(8) 答え **4**

A: 英語の教科書を見つけられないよ。
B: 大丈夫。今日はこれを使っていいよ、Leo。

1　料理する　　2　飲む
3　歌う　　　　**4　見つける**

解説 can't は「できない」という意味です。4 の find「見つける」を入れると、教科書を見つけることができないという文になり、自然です。

No. 21 答え **1**

1 Susan is opening a door.	**1 Susan はドアを開けています。**
2 Susan is kicking a door.	2 Susan はドアをけっています。
3 Susan is changing a door.	3 Susan はドアを取り換えています。

解説 door「ドア」をどうしているのか、イラストを見てふさわしい選択肢を選びましょう。

No. 22 答え **2**

1 This is a library.	1 これは図書館です。
2 This is a cafeteria.	**2 これは食堂です。**
3 This is a garden.	3 これは庭です。

解説 イラストを見て、どんな場所を表しているのか予測を立てておくとよいでしょう。

No. 23 答え **2**

1 Mark's family likes skiing.	1 Mark の家族はスキーが好きです。
2 Mark's family likes skating.	**2 Mark の家族はスケートが好きです。**
3 Mark's family likes swimming.	3 Mark の家族は水泳が好きです。

解説 スポーツの名前を復習しておきましょう。日本語のカタカナの発音と似ていますが、少しちがいます。

No. 24 答え **3**

1 The T-shirt is twenty yen.	1 T シャツは 20 円です。
2 The T-shirt is two hundred yen.	2 T シャツは 200 円です。
3 The T-shirt is two thousand yen.	**3 T シャツは 2,000 円です。**

解説 大きい数の言い方を復習しておきましょう。「百」は hundred、「千」は thousand です。

No. 25 答え **1**

1 A rabbit is by the flower.	**1 ウサギは花のそばにいます。**
2 A rabbit is on the flower.	2 ウサギは花の上にいます。
3 A rabbit is under the flower.	3 ウサギは花の下にいます。

解説 ウサギがいる場所を正しく表す英文を選びます。ウサギは花の横にいるので、by the flower が正解です。on や under の意味も確認しておきましょう。

解　答　欄	1 2 3 4
問題番号	1 2 3 4
1 (1)	①②③④
(2)	①②③④
(3)	①②③④
(4)	①②③④
(5)	①②③④
(6)	①②③④
(7)	①②③④
(8)	①②③④
(9)	①②③④
(10)	①②③④
(11)	①②③④
(12)	①②③④
(13)	①②③④
(14)	①②③④
(15)	①②③④

解　答　欄	1 2 3 4
問題番号	1 2 3 4
2 (16)	①②③④
(17)	①②③④
(18)	①②③④
(19)	①②③④
(20)	①②③④
3 (21)	①②③④
(22)	①②③④
(23)	①②③④
(24)	①②③④
(25)	①②③④

リスニング解答欄	1 2 3 4
問題番号	1 2 3 4
例題	①②●
第1部 No. 1	①②③
No. 2	①②③
No. 3	①②③
No. 4	①②③
No. 5	①②③
No. 6	①②③
No. 7	①②③
No. 8	①②③
No. 9	①②③
No.10	①②③
第2部 No.11	①②③④
No.12	①②③④
No.13	①②③④
No.14	①②③④
No.15	①②③④
第3部 No.16	①②③
No.17	①②③
No.18	①②③
No.19	①②③
No.20	①②③
No.21	①②③
No.22	①②③
No.23	①②③
No.24	①②③
No.25	①②③

【注意事項】

①解答には HB の黒鉛筆（シャープペンシルも可）を使用し、解答を訂正する場合には消しゴムで完全に消してください。

②解答用紙は絶対に汚したり折り曲げたり、所定以外のところへの記入はしないでください。

③マーク例

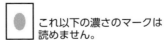

良い例	悪い例
●	◖ ✖ ◔

これ以下の濃さのマークは読めません。

※実際のマークシートに似せていますが、デザイン・サイズは異なります。